JN094125

特別支援教育の 校内研修

多様化する児童生徒への支援 プラン＆スキルの全員共有が実現！

堂前直人 編

1回15分 みんなで考え 議論する 校内研修

☀学芸みらい社
GAKUGEI MIRAISHA

まえがき

　どの学校にも、発達に課題を抱えたお子さんがいます。

　文部科学省の調査によると、教室の６％（30人のクラスに２人程度）といいます。

　おそらく先生方の実感では、その割合はさらに上がるのではないでしょうか。

　発達障害といわれるADHDやLD、ASDなどの言葉は、ニュースや新聞などでも見られるようになりました。

　ドラマや小説などでも取り上げられることもあるほど私たちの身近な話題になってきています。

　2021年に小学校に入学した私の息子もまた「発達障害」を抱えています。

　道路への飛び出しは日常茶飯事ですし、食べ物の好き嫌いも多くあります。

　椅子にきちんと座る、なんてことは到底無理だと保育園時代から感じていました。

　入学式の際には、入場しながら私たち両親を探して、きょろきょろ。自分の座席についても椅子に上って、後ろを向いてきょろきょろ。

　担任の先生が自己紹介をすれば、面白可笑しく名前を変えて叫ぶ。

　そんな子です。

　「そんな光景を見たことがある」という方が多数いらっしゃると思います。

　入学式の日には、担任の先生に「ご迷惑をおかけすると思いますが…」と最初からお詫びにいきました。

　では、その後の学校生活はどうかというと、息子は「学校を楽しい」と言い、先生からも「しっかりがんばってますよ」と声をかけていただける生活ができているようです。

> ひとえに、子供自身の成長と先生の指導・支援のおかげであること

は、疑いようがありません。

　子供たちには、自分たちを成長させていく力があります。

　それは、発達障害であろうとなかろうと同じです。

　その力が最大限に発揮できるように、指導し、支援していくのが、「先生」の役割といえます。

息子の発達検査を受けた際に、小児科の先生に言われた一言が今でも胸に突き刺さっています。

> 担任の先生次第だね。

　子供たちをどこまで成長させていけるのか。それは、先生の力によるところが大きいということです。
　褒めてくれる先生なのか。叱る先生なのか。叱り方はどうなのか。どんなことをどんな風に褒めてくれるのか。何を指導するのか。何を支援するのか。厳しいのか。優しいのか。いったいどんな指導がいいのか。
　考えても、正解は見えません。子供は一人一人違うからです。
　ただ、これまでの知見から、効果のあるだろうと思われる指導法、支援策は存在しています。
　そのうちのいくつかを集めて、研修形式で学べるようにしたものが本書です。

　「新学習指導要領」、「新教科書」、「GIGA School構想」と、現場の先生方への課題は、次々と押し寄せるようにやってきます。
　その中で、一人一人の子供たちと向き合い、力をつけていくことは、並大抵のことではありません。
　そんな先生方のお力になりたいと思って、企画されたこの「校内研修シリーズ」。
　一人でお読みいただくのはもちろん、ぜひ、校内の先生方と一緒に読んでみていただけたらと思います。
　担任の先生一人で悩むよりも、校内のみんなで一緒に悩みましょう。
　これまでの経験やアイデアを出し合って、どうするのがその子にとって一番いいのかを試行錯誤してみましょう。
　きっといい方法が見つかるはずです。

TOSS/Lumiere　堂前直人

目次

第1章
新しい教育の波　早わかりキーワード

1. 教育界の時事的課題のキモ

2. 危機管理
　　―子供たちを守る教員の心構え

第2章
特別な支援を要する子に
配慮した授業・対応研修

UNIT 2

第3章
多様化する児童生徒への支援体制

担任一人で抱え込まない学校体制の確立

第4章
研修に必要な "とっておき情報"

UNIT 4

本書の使い方

活用のポイント3
① 仲間と一緒に、取り組みましょう。
② 意見を交流しながら、取り組んでみましょう。
③ 気になることは、みんなで調べてみましょう。

1

　この本は、「校内研修」の際のテキストとして活用してもらえるように、つくられています。

　若手の先生方の自主的な研修で。校外の研究会の仲間と。全校での研究に向けた基礎研修に。活用の幅は先生方の活躍のフィールドに合わせることができます。

　ぜひ、それぞれの場の仲間と一緒に、取り組んでみてください。

2

　1つの内容（1UNIT）が、およそ15分で終えられるようになっています。

　一度にまとめて使うこともできますし、短い時間の研修を定期的に重ねていくこともできます。

　1冊すべての内容を必ずやる必要はありません。

　必要な箇所を、必要なときに使っていただけます。

3

　仲間と研修を行う際には、テキストに書き込んだことや学んだことの感想など、意見を交流しながら行うことをおすすめします。

　学校の子供たちは、「対話的な学び」によって、自分の考えを広げたり、深めたりしながら学習を行っています。それが今、大切な力として考えられています。

　ぜひ、先生方にも、「対話的な学び」をしていただき、研修内容、そしてそこからの学びを広げ、深めていただきたいです。

特に新しい時代の教育が始まろうとしている時期です。

　一人で十を学ぶことも大切です。同時に十人で一を学ぶことは、学校全体が新しい教育方法にシフトチェンジしていくために、とても大切なことです。

4

　本書の中には、「演習形式」で、実際にその場でやってみるという内容が含まれているページがあります。

　恥ずかしいと思わず、子供役、先生役など分かれて、実際にやってみてください。

　「実際にやってみること」は、技を身につける上では、極めて効果的な方法です。

　スポーツで例えるとわかりやすいです。

　テニスの本を読むだけでバックストロークを身につけようとするよりも、実際にラケットをもってボールを打つことをした方が、早く身につけることができるはずです。

　また、プロのフォームをテレビで見るだけよりも、真似しながら実際にやってみる方が、早く実力を高められるはずです。

　「読むだけ」、「見るだけ」で終わらず、「やってみる」ことで、対応の技を身につけていただければ、と思います。

5

　紙面の都合上、キーワードのみでお伝えしている情報も多数あります。

　わからない言葉やもっと詳しく知りたいことがあれば、インターネットで検索してみることをおすすめします。（教員用の1台端末を活用できます）

　仲間との勉強会であれば、それぞれが調べたキーワードについてまとめ、伝え合ってみるとよいでしょう。より多くのキーワードについて学ぶことができます。

　また、情報は、インプットするだけよりも、アウトプットを通じて強化されるといいます。

　仲間と伝え合うことにより、調べた内容をより自分の中に定着させることもできるはずです。

6

最後に、本書を使った研修の一例を紹介します。

研修会、研究会開催の参考になれば、幸いです。

★準備するもの

①使用するUNITのコピー（人数分）

②筆記具

③タブレットPC（１人１台端末）

★研修会15分の流れ

（１）趣意を説明する。

（２）テキストに沿って進めていく。（必要に応じて、意見交流）

（３）疑問や感想を交流する。

（１）趣意を説明する

　　特別支援を要する子供やその傾向のある子供が、どのクラスにも在籍しているといわれています。

　　そういった子たちへの指導は、十人十色、様々です。ですが、基本方針となるようなことは、あるようです。

　　その基本を学ぶために、ミニ研修を何度かに分けて実施していこうと、計画をいたしました。

（２）テキストに沿って、進めていく。

　　資料に沿って、行っていきます。

　　途中、ご意見をいただく場面や実演してもらう場面もありますので、みんなで楽しくやっていけたらと思っています。

（３）疑問や感想を交流する。

　　一通りの内容を終えたところですが、疑問点やもう少し詳しく知りたい、ということもあるかと思います。

　　それらをお出しいただいた上で、全員でそれについて調べたり、考えをまとめたりする時間を取ります。後ほどわかったことや思ったことを伝達していただきますので、よろしくお願いいたします。

（４）閉会

（愛知県名古屋市公立小学校　堂前直人）

第1章

新しい教育の波
早わかりキーワード

これだけは知っておきたい
「インクルーシブ教育」10分で早わかり

「インクルーシブ教育」とは、**障害のある子供と障害のない子供が共に教育を受けることで、「共生社会」の実現に貢献しようという考え方**に基づいた教育です。

インクルーシブ教育は平成18年12月の国連総会で採択された「障害者の権利に関する条約」で示されました。

日本国内では、文部科学省が平成17年に「特別支援教育を推進するための制度の在り方について（答申）」の中で特別支援教育の制度が検討され始め、その中の一部として平成24年頃より「インクルーシブ教育」が提唱されるようになりました。

「インクルーシブ教育システム」とは、障害のある子供とない子供が共に学ぶことを目的に、

①障害者が一般的な教育制度から排除されないこと
②自分が生活している地域で初等中等教育の機会が与えられること
③個々人に必要な合理的配慮が提供されること

の3つが必要だとする考え方です。

文部科学省のインクルーシブ教育システム構築事業について

文部科学省では、「インクルーシブ教育システム構築事業」を平成25年から特別支援教育の一環として推進し、主に以下4つの事業を行っています。

①**新たな就学先決定**：就学先決定に必要な早期からの情報提供や相談会の実施。早期支援コーディネーターの配置。

②**障害のある児童生徒への専門的支援**：小・中学校を支援する特別支援学校に「言語聴覚士」や「作業療法士」等を配置。

③**合理的配慮**：「合理的配慮協力員」の配置。

④**医療的ケア**：医療職の専門家の活用推進。学校に「看護師」を配置。

文部科学省はこれらのインクルーシブ教育システム構築事業の事例を毎年ホームページに掲載しており、事業推進に向けて新たな事業計画を作成しています。

（東京都公立小学校　三浦宏和）

UNIT 1 1. 教育界の時事的課題のキモ

①インクルーシブ教育

KEYWORD

障害者の権利に関する条約　　共生社会
合理的配慮　　医療的ケア

①インクルーシブ教育とは、どんな教育でしょう。

> 障害のある子供と障害のない子供が

②以下はインクルーシブ教育のメリットとデメリットです。これを参考に、インクルーシブ教育を行うにあたって、どのような配慮が必要でしょうか。考えてみましょう。

インクルーシブ教育のメリットとデメリット

	メリット	デメリット
障害をもつ子供、その保護者	今まで受けられなかった教育が受けられる。特別支援学校だけでなく、自分が生活する地域の学校に通うことができる。	合理的配慮によって特別扱いされることへの心理的負担。周りの子供からのいじめといった被害の可能性。
周囲の子供	障害者と接する機会が増えることで、共生社会の理念を理解できる。	授業の進行が遅れることがある。
教師・指導者	療育や医学的な知識が身に付く。多様な子供たちと関わることで、保育スキルが身に付く。	合理的配慮をどこまで行うかの線引きが難しい。授業進行が滞る場合がある。

これだけは知っておきたい
「発達障害」10分で早わかり

　発達障害とは、発達障害者支援法において「自閉症、アスペルガー症候群その他の広汎性発達障害、学習障害、注意欠陥多動性障害その他これに類する脳機能の障害であってその症状が通常低年齢において発現するものとして政令で定めるもの」と定義されています。

　生まれつきみられる脳の働き方の違いにより、幼児のうちから行動面や情緒面に特徴がある状態です。そのため、養育者が育児の悩みを抱えたり、子供が生きづらさを感じたりすることもあります。

　平成28年からは、「発達障害の当事者だけでなく、家族その他の関係者」も支援の対象に加えられました。

　アメリカ精神医学会が出版している、精神疾患の診断基準・診断分類を「精神疾患の診断・統計マニュアル（Diagnostic and Statistical Manual of Mental Disorders)」（略してDSM）といいます。現在、第5版まで出版されているので、DSM-5（ディーエスエムファイブ）といいます。日本でもこの診断基準を使用しています。主なものに、

> 自閉スペクトラム症
> 注意欠如・多動症
> 学習障害（限局性学習症）

などがあります。

　小・中学校の通常の学級に、6.5%の割合で、学習面又は行動面において困難のある児童等が在籍し、この中には発達障害のある児童等が含まれている可能性があるという推計結果（平成24年）が文科省の調査で発表されています。全ての教員が、特別支援教育に関する一定の知識や技能を有することが求められるとされ、「発達障害を含む障害のある幼児児童生徒に対する教育支援体制整備ガイドライン」（文科省）が出されました。

　発達障害があっても、本人や家族・周囲の人が特性に応じた日常生活や学校・職場での過ごし方を工夫することで、もっている力を活かしやすくなったり、日常生活の困難を軽減させたりすることができます。

（神奈川県公立小学校　田丸義明）

UNIT ① 1．教育界の時事的課題のキモ

②発達障害

KEYWORD

① 発達障害

② 発達障害者支援法

③ DSM-5

次の特性をもつ発達障害名を書き込んで下さい。（厚生労働省HPより）

（1）コミュニケーションの場面で、言葉や視線、表情、身振りなどを用いて相互的にやりとりをしたり、自分の気持ちを伝えたり、相手の気持ちを読み取ったりすることが苦手です。また、特定のことに強い関心をもっていたり、こだわりが強かったりします。また、感覚の過敏さを持ち合わせている場合もあります。

（2）発達年齢に比べて、落ち着きがない、待てない（多動性–衝動性）、注意が持続しにくい、作業にミスが多い（不注意）といった特性があります。多動性–衝動性と不注意の両方が認められる場合も、いずれか一方が認められる場合もあります。

				●		

（3）全般的な知的発達には問題がないのに、読む、書く、計算するなど特定の学習のみに困難が認められる状態をいいます。

これだけは知っておきたい
「マルチセンサリー」10分で早わかり

　学校では多くの場合、子供たちに、「見る」、「聞く」、「書く」、「話す」という「視覚」と「聴覚」を中心とした学習をさせています。

　ただし、これでは、どうしても勉強についてこられない、という子がいます。

　そんな子供たちにとって、今回紹介する「マルチセンサリー」という考え方は、救いの手になる可能性を秘めています。

　マルチセンサリーとは、一言でいえば、「多感覚」ということになります。

　従来の「視覚」、「聴覚」の学習に、「運動」のような別の感覚を取り入れます。

　例えば、漢字の指導では、次のような形になります。

---

①指で机に書かせる。（指からの「触覚」入力、目からの「視覚」入力）

②書く際に筆順をいわせる。（耳からの「聴覚」入力、口からの「音声」出力）

③徐々にスピードを上げて書かせる。（スピードという「運動」要素）

　これまでに「指書き」といわれていた方法ですが、マルチセンサリーの考え方に基づいていることがわかります。

　他にも、特殊音節の指導では、このようなことができます。

---

①通常の音は、手を叩いたり、ジャンプしたりする。

②「っ」は、手を握ったり、しゃがんだりする。

　１年生に数を教える場面ならば、床に１～10までの数字を書いた札を置き、それに合わせて、実際にジャンプしながら自分で動いてみるという方法が考えられます。

　３より５大きい数なら、３の札から５つ右にジャンプさせるわけです。

　このように、普段とは違った感覚を使うことで、記憶の定着が良くなると考えられています。

　しかし、マルチセンサリーの実践は日本ではまだ少なく、インターネットで検索してもほとんど出てきません。ぜひ、先生方のアイデアで子供たちに「できた」を届けましょう。

（愛知県名古屋市公立小学校　堂前直人）

UNIT ① 1．教育界の時事的課題のキモ
③マルチセンサリー

KEYWORD

① 多感覚学習
② 見る・聞く・書く・話す ＋ 運動

---

① 漢字をたくさん練習しているのに覚えられない。
② ３より５大きい数がわからない。
③ しゃしゅしょなどの特殊音節が苦手。

　このような子供たちに、先生方はどのような指導をしてきましたか。下の□に書いてみましょう。

```
　　　　　　　　　　　　　　　　　　　　　　　　　　　　　　　　　　




```

　ここに書かれた指導法の一つ一つが、これまでの経験の中で培われた貴重な財産です。とりわけ、「子供たちが実際にできるようになった方法」は、ぜひ、多くの先生方で共有していただきたいです。

　加えてここでは、「マルチセンサリー」といわれる考え方について、紹介していきます。

これだけは知っておきたい
「合理的配慮」10分で早わかり

合理的配慮として、例えば次のような支援が考えられます。

・読み書きに困難がある子に対して、拡大教科書やタブレット等による音声読み上げ機能を使用する。

・教科書やプリント、テスト等では、ルビつきのものや字が大きく印刷されているものを使用したり、口頭試問による評価をしたりする。

・基礎的な内容の習得を重視して、学習時間を別に設定したり、学習内容の変更・調整をしたりする。

・周囲の音やものなどの刺激に敏感な子に対して、イヤーマフの使用、仕切りのある机や場所を用意する。机・いすの脚に緩衝材をつけて雑音を軽減する。

・指示の理解に困難さがある、見通しをもつことが苦手の子に対して、言葉だけの指示ではなく、カードやイラスト写真や動画、模型などを使用して、視覚的な支援をする。
また、黒板周りの掲示物の情報量を減らすことによって必要な情報の選別をする。

・障害のある児童生徒等に対する教育を行う場合に、教員、支援員等の確保、施設・設備の整備を行う。

発達障害のある子供の指導・支援に関する実践事例をより、知りたい方向けに、「インクルーシブ教育システム構築支援データベース（インクルDB）」があります。

【Ⅰ】障害種	【Ⅲ】在籍状況等
自閉症 ADHD（注意欠陥多動性障害）	小学校（通常の学級）

検索キーワード

自閉スペクトラム症、注意欠如多動症、アセスメント、視覚的な情報の追加、事前学習、視覚的な教材

概要（500文字程度）

A児は、B小学校の通常の学級の5年生に在籍し、自閉スペクトラム症及び注意欠如多動症の可能性がある児童である。

（インクルーシブ教育システム構築支援データベースより）

（神奈川県公立小学校　田丸義明）

UNIT ① 1．教育界の時事的課題のキモ

④合理的配慮

KEYWORD

① 合理的配慮

② アセスメント

③ インクルーシブ教育

次の四角に入るキーワードを書き込んで下さい。

（1）　平成28年4月1日に施行された「障害を理由とする差別の解消の推進に関する法律」では、障害のある人への不当な差別的取り扱いを禁止し、

の提供を求めています。

（2）その子の特性や、状態などをあらかじめとらえることを

といいます。この結果、どのような支援が必要か方針を立て、今後の指導に活用することが大切です。

　どのような配慮が必要になるのかは、その子によって、変わります。本人と保護者と情報交換をし、一人一人に合わせた配慮を考え、実現していくことが大事です。

　また、具体的場面や状況に応じて、「何のために」「どのような手立てを」「どの程度」「行っていくか」等を検討します。検討の結果、表明のあった内容が提供できない場合もあり得ます。その際には、代替の手立てをとるなどします。

これだけは知っておきたい
「指導の個別化」10分で早わかり

文部科学省の答申によると、

> 全ての子供に基礎的・基本的な知識・技能を確実に習得させ、思考力・判断力・表現力等や、自ら学習を調整しながら粘り強く学習に取り組む態度等を育成するためには、教師が支援の必要な子供により重点的な指導を行うことなどで効果的な指導を実現することや、子供一人一人の特性や学習進度、学習到達度等に応じ、指導方法・教材や学習時間等の柔軟な提供・設定を行うことなどの「指導の個別化」が必要である。

とあります。

この答申では、個に応じた指導である「指導の個別化」「学習の個性化（別頁）」を整理して、「個別最適な学習」としています。

そして、「個別最適な学び」を進めていくための大切な視点として、

> これまで以上に子供の成長やつまずき、悩みなどの理解に努め、個々の興味・関心・意欲等を踏まえてきめ細かく指導・支援することや、子供が自らの学習の状況を把握し、主体的に学習を調整することができるよう促していくことが求められる

ことが示されています。

これらを実現するための1つの方策として、「GIGAスクール構想」があります。

ICTを有効に活用することで、「きめ細やかな指導」と「教師の負担軽減」を両方同時に進めていこうとしているのです。

＜参考資料＞

「令和の日本型学校教育」の構築を目指して～全ての子供たちの可能性を引き出す、個別最適な学びと、協働的な学びの実現～（答申）（中教審第228号）【令和3年4月22日更新】

（愛知県名古屋市公立小学校　堂前直人）

UNIT 1 1．教育界の時事的課題のキモ
⑤指導の個別化

KEYWORD
① 個別最適な学び
② 指導の個別化
③ 学習の個性化

※このページは、先に左の解説を読んでから、お取り組みください。

　令和３年に出された文部科学省の答申『「令和の日本型学校教育」の構築を目指して』では、子供たちの可能性を引き出す学びとして、２つの学びの実現を目指すとしています。

┌─────────┐　　　　　　┌─────────┐
│　　　　　　│な学び　　│　　　　　　│な学び
└─────────┘　　　　　　└─────────┘

　そのうち、「個別最適な学び」は、２つに分かれます。

┌─────────┐　　　　　　┌─────────┐
│　　　の　　│　　　　　│　　　の　　│
└─────────┘　　　　　　└─────────┘

Q　「指導の個別化」（解説上段参照）を授業の中で、具体的に実現するとしたら、どのような工夫ができるでしょうか？

┌────────────────────────────┐
│　　　　　　　　　　　　　　　　　　　　　　　│
│　　　　　　　　　　　　　　　　　　　　　　　│
│　　　　　　　　　　　　　　　　　　　　　　　│
│　　　　　　　　　　　　　　　　　　　　　　　│
└────────────────────────────┘

　例えば、AIドリルを使うことで、一人一人の進度、到達度に合った課題に取り組むことが可能になります。また、そのような時間に、支援の必要な子供への指導を行うこともできます。

文部科学省の答申によると、

> 基礎的・基本的な知識・技能等や、言語能力、情報活用能力、問題発見・解決能力等の学習の基盤となる資質・能力等を土台として、幼児期からの様々な場を通じての体験活動から得た子供の興味・関心・キャリア形成の方向性等に応じ、探究において課題の設定、情報の収集、整理・分析、まとめ・表現を行う等、教師が子供一人一人に応じた学習活動や学習課題に取り組む機会を提供することで、子供自身が学習が最適となるよう調整する「学習の個性化」も必要である。

とあります。

　この「学習の個性化」と「指導の個別化（別頁）」つまりは、「個別最適な学習」を行う際には、ICTの活用が重要です。

　ICTを活用することで、次のようなことが可能になります。

> ①学習履歴（スタディ・ログ）や生徒指導上のデータ、健康診断情報等を利活用する
> ②教師の負担を軽減する

　また、もう１つ大切な視点として、「個別最適な学び」が「孤立した学び」に陥らないことを挙げています。

　そのためには、「協働的な学び」が重要になります。

　この「個別最適な学び」と「協働的な学び」を、ICTを活用しながら効果的に組み合わせていくことが、「令和の日本型学校教育」を実現への道筋となります。

＜参考資料＞

　「令和の日本型学校教育」の構築を目指して〜全ての子供たちの可能性を引き出す、個別最適な学びと、協働的な学びの実現〜（答申）（中教審第228号）【令和3年4月22日更新】

（愛知県名古屋市公立小学校　堂前直人）

UNIT ① 1. 教育界の時事的課題のキモ

⑥学習の個性化

KEYWORD

① 学習の個性化

② 合意形成

※このページは、先に左の解説を読んでから、お取り組みください。

　読みに困難のある子に対して、「問題を一気に提示せず、小問ごとに分けたプリントで取り組ませる」配慮をしたことで、学習に取り組みやすくなったという報告があります。

　これが「学習の個性化」の１つの例であり、特別な支援を要する子に対応していく上で、とても大切な考え方になります。

> 子供一人一人に合った学習の方法や課題があり、一律の指導にこだわらない。
> その子に合った学習方法や課題を提供していくよう考えていく。

ということです。

Q　次のような子に、どのような配慮が可能でしょうか？

> ①　方法は理解しているが、計算が遅い
>
> ②　新聞等で学習のまとめを行うと、ぐちゃぐちゃになってしまう
>
> ③　板書を写すことが困難

　ただし、教師が配慮を押し付けてしまうと、それがクレームになってしまう場合もあります。本人や保護者との「合意」を形成することを忘れてはいけません。

これだけは知っておきたい
「外部機関との連携」10分で早わかり

　「いじめ」、「不登校」、「虐待」、「非行」などの背景に、発達障害が関係していることがあります。

　子供自身が発達障害傾向のあることもあれば、保護者や兄弟姉妹がそのような傾向ということもあります。

　課題や原因が学校を超えたところにもある場合、担任や学校だけで解決することが困難になっていきます。

　そんなときに、意識したいのが、「外部機関との連携」です。

> 　外部機関と連携することは、子供たちを、地域（学区）で、町（市町村）で、守っていくことにつながります。

　外部機関との連携を図に整理すると、例えば右のようになります。

　これに加えて、「病院の医師」や「作業療法士」、「特別支援学校教諭」などの特別支援の専門家も加わってきます。

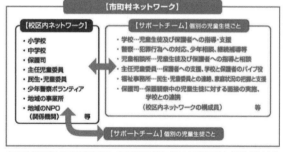

（引用「学校と関係機関等との行動連携に関する研究会」報告書より）

　もちろん、どの機関と連携するのか、どこまでサポートするのかなど細かなところはケースによって変わっていくため、一律に定めることは難しいです。

　ここで大事なことは、

> 自分たちだけで抱え込まない

ということです。多くの目で、長い目で、見守る体制をつくることが大切です。

（愛知県名古屋市公立小学校　堂前直人）

UNIT ① **2．危機管理－子供たちを守る教員の心構え**

①外部機関との連携

KEYWORD

① 校区内ネットワーク
② 市町村ネットワーク
③ サポートチーム

Q　学校が連携していくことのできる「外部機関」には、どのようなものがあり
ますか？

Q　外部機関との連携を大きく分けると、2つのネットワークに分けることがで
きます。その2つとは何でしょうか？　また、それぞれどのような機関が含ま
れますか？

①　[　　　　　　　]ネットワーク（学校の周りを中心としたネットワーク）

　　例：

②　[　　　　　　　]ネットワーク（①に、サポートチームを加えたもの）

　　例：

Q　外部との連携を進めていく上で、大切なことは何でしょうか？

これだけは知っておきたい
「児童虐待」10分で早わかり

1 虐待の種類は、概ね以下の4タイプに分類されます。（多くの事例は複合的）

①身体的虐待…殴る、蹴る、叩く、外に出す、熱湯をかけるなど、外傷が生じる恐れのある暴行を加える

②性 的 虐 待…子供にわいせつ行為をする（させる）、児童ポルノの被写体にする

③ネグレクト…食事を与えない、置き去りにするなど、保護者としての監護を怠る

④心理的虐待…暴言や兄弟姉妹間の不当な差別、DVなど、子供の心に長く傷として残るような経験や傷を負わせる言動を行う

2 虐待は、子供の心身に深刻な影響をもたらします。

身体的影響	外傷・栄養障害・体重増加不良・低身長　など
知的発達面への影響	安心できない環境での生活や学校へ登校することがままならないことによる、知的発達の遅れ　など
心理的影響	自己肯定感が持てない、対人関係の問題、多動 衝動的・攻撃的な行動　など

3 児童虐待への対応について、学校・教職員の役割として、**①虐待の早期発見・早期対応に努めること、②市町村（虐待対応担当課）や児童相談所等への通告や情報提供を速やかに行うこと**が求められています。市町村（虐待対応担当課）や児童相談所、警察などの**関係機関との協力**が大切です。学校が保護者から威圧的な要求や暴力の行使等を受ける可能性がある場合には、設置者と連携して速やかに、児童相談所、警察等の関係機関、弁護士等の専門家と情報共有し、対応を検討すること等が重要です。

4 早期発見・早期対応を行うためには、**異変や違和感を見逃さない**ことが重要です。

子供についての異変・違和感	表情が乏しい、過度なスキンシップ、乱暴な言葉遣い、家に帰りたがらない、衣服が汚れている　など
保護者についての異変・違和感	感情や態度が変化しやすい、イライラしている、表情が硬い、人前で子供を厳しく叱る・叩く　など
状況についての異変・違和感	不自然なケガ、体育や身体測定でよく欠席する 低身長や低体重、体重減少　など

（愛知県公立小学校　中川聡一郎）

UNIT ① 2. 危機管理－子供たちを守る教員の心構え

②児童虐待

KEYWORD

① 虐待の4タイプ
② 児童虐待防止法
③ 早期発見・早期対応

Ⅰ　児童虐待の種類は、4つのタイプに分類されます。下の空欄を埋めましょう。

① [　　]的虐待　　　② [　]的虐待

③ [　　　　　]的虐待　　　④ [　　]的虐待

2　虐待が児童に与える影響には、どのようなものがあるでしょうか。下の四角の中にできるだけたくさん書き出してみましょう。

[　　　　　　　　　　　　　　　　　　　　　　　　]

3　児童虐待防止法によって、学校には以下のような役割が求められています。空欄に当てはまる言葉を書きましょう。

【義　　務】・虐待を受けたと思われる子供について市町村（虐待対応課）や児童相談所等へ [　　] すること【第6条】

【努力義務】・虐待の [　　　] に努めること【第5条第1項】

・虐待の予防・防止や虐待を受けた子供の保護・自立支援に関し、[　　]機関への協力を行うこと【第5条第2項】

・虐待防止のための子供等への教育に努めること【第5条第3項】

4　子供が虐待を受けていることが疑われるサインには、どのようなものがあるのでしょうか。下の四角の中にできるだけたくさん書き出してみましょう。

[　　　　　　　　　　　　　　　　　　　　　　　　]

これだけは知っておきたい
「不登校」10分で早わかり

1 不登校の定義と人数

> 何らかの心理的、情緒的、身体的、あるいは社会的要因・背景により、登校しないあるいはしたくともできない状況にあるために年間30日以上欠席したもののうち、病気や経済的な理由による者を除いたもの

と定義されています。

2019年度には、不登校児童生徒は18万1272人。7年連続で増加。そのうちの約10万人が90日以上欠席しているという報告がされています。

2 不登校の要因

不登校の要因としては、「無気力」や「不安」が最も多く、次いで「生活の乱れ」、「親子トラブル」、「友人関係」となっています。

要因を分類していくと、「本人」、「家庭」、「学校」の3つに分かれます。

ただし、これらは独立しているわけではなく、右の図のように関連しています。

例えば本人が、友人関係の悩みを訴えたとしてもその背景には、家庭の課題や本人の課題が隠されているということもあります。

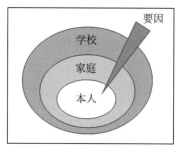

1つの要因が解決されても、次、また次と新しい要因が取り上げられる場合は、問題の根幹はどこにあるのかと、捉えなおしてみることが必要です。

3 おすすめ書籍

小柳憲司著『学校に行けない子どもたちへの対応ハンドブック』
段階別の対応方法がわかりやすく紹介されています。

この書籍を短く紹介している動画もあります。（右QRコード）

（愛知県名古屋市公立小学校　堂前直人）

UNIT ① **2．危機管理－子供たちを守る教員の心構え**

③不登校

KEYWORD

① 心のエネルギー

② レジリエンス

③ 不登校の経過（前駆期 混乱期 休養期 回復期 助走期 復帰期）

Q　不登校の要因として、どのようなものが考えられますか？

　　不登校になる要因の1つとして、「心のエネルギー切れ」があるとされています。

　　多くの場合は、充電しながら生活を送っていますが、何かがきっかけで、うまく充電できなくなったり、使うエネルギーが増えてしまったりすることで、エネルギー切れになってしまいます。

　　この心のエネルギーを回復させることが、不登校改善の1つのキーワードになります。

　　もちろん、ただ学校を休めば回復するということではありません。周りの理解や生活の充実がエネルギーの回復を早めます。

　　同時に、エネルギーを使いすぎる原因を改善していくことも必要になります。

　　エネルギーを消費しすぎてしまう例としては、「期待に応えようとする」、「やりたくないことを強いられる」、「話を最後まで聞いてもらえないなどのモヤモヤ感」があります。

　　また、心の回復力を表現する言葉に、「レジリエンス」というものがあります。

　　このレジリエンスを鍛えることは、不登校を予防していくことにもつながっていきます。

　　道徳の授業などで、取り入れてみるのもいいのではないでしょうか。

これだけは知っておきたい
「いじめ」10分で早わかり

1　いじめに対する心構えと対策

　　いじめに対応する教師の心構えは、**①いじめは絶対に許さないという気概をもつこと、②いじめをなくせるのは教師しかいないと自覚すること**です。いじめに対して、毅然とした態度で臨みます。見えない奥の部分にまで潜む差別構造と徹底的に闘わなければいけません。いじめの差別構造と徹底的に闘うためには、次の2点が大切です。

①　「お説教」ではなく、クラス全員を教師の味方につけること

　　例えば、隣の人と、わざと机を離すという行為について、クラス全員を味方につけます。「〇〇くんのしたことについて、みなさんはどう思いますか」と投げかける。おそらくどの子も「良くない、悪いことだ」と言うでしょう。そうして、クラスという集団に対して逸脱した行為であることを示します。

②　いじめをなくすシステムをつくること

　　システムは2つ、1つはいじめの発見システム、もう1つはいじめの対応システムです。おそらくどの学校にも、いじめの早期発見、そして対応マニュアルがあると思われます。それを活用します。

2　発達障害といじめ

　　特別支援を要する児童は、コミュニケーションの弊害があり、誤解されたり、特異な存在として見られてしまう場合があります。こうした場合は、教師が介入することで、いじめを防ぎます。

　　方法は、「全員遊び」をすることです。遊びの中だと、児童生徒のありのままの関係性を把握しやすくなります。クラス全員で遊ぶ機会を設けます。「ドッジボール」、「ハンカチ落とし」、「椅子取りゲーム」などです。教師の目が行き届くところで、遊ばせます。そして、困難な状況になったときに、教師が介入します。例えば、特別支援を要する児童Aくんがいたとして、

　　「Aくん、今〇〇したかったんだよね」「Aくんは〇〇だと思っているんだよ」

と、時には教師が介入し、補足説明をしてあげましょう。この繰り返しが、周りの児童のAくんに対する理解につながります。

（愛知県公立小学校　木田健太）

引用文献：「新版　いじめの構造を破壊する法則」向山洋一　学芸みらい社

UNIT 1　2．危機管理－子供たちを守る教員の心構え

④いじめ

🔑 **KEYWORD**

① いじめに対する教師の心構え

② いじめの差別構造と闘う方法

③ 全員遊び

1　いじめに対する教師の心構えとして、大切だと思うことを書きましょう。

2　いじめの差別構造と闘うための方法として、空欄に当てはまる語句を書きましょう。

① 「お説教」ではなく、クラス　□□　を教師の味方につけること

② いじめをなくす　□□□□　をつくること

3　特別支援を有する児童が、いじめの被害者になる原因は何だと思いますか。

4　周囲の児童生徒が、障害の特性の理解を得るための方法として、大切だと思うことを書きましょう。

5　障害の特性の理解を得るための方法として、空欄に言葉を書きましょう。

全員　□□　をすることです。教師の　□□　が行き届くところで遊ばせることで、児童生徒のありのままの関係性を把握します。児童生徒同士で、互いに困難な状況になったときに、教師が　□□　することです。

これだけは知っておきたい
「学校不適応」10分で早わかり

1　学校不適応とは、様々な原因により集団に適応することが難しく、不登校や登校渋り、暴力行為などの問題行動などが見られる状態のことを指します。小学校入学直後、中学校入学直後といった校種が変わるタイミングでは、特に注意が必要です。

2　学校不適応の原因は、多岐にわたります。本人の要因として、コミュニケーション能力の低さ、無気力、学業不振、不安などが挙げられます。また、ADHD（注意欠如・多動症）やASD（自閉スペクトラム症）、LD（学習障害）などの、発達障害を抱えている場合も見られます。それ以外の要因として、友人や教師との関係性の問題、家庭環境の問題などが挙げられます。

3　学校不適応に対応するときは、次のようなポイントがあります。

①**適切なアセスメント**…アセスメントとは、その子供にどのような指導・援助を行うかを決定するために必要な情報を収集・共有・判断・検証することを指します。適切な対応をするためには、不適応となった原因をよく分析することが大切です。

②**チームでの援助・支援体制**…担任一人で抱え込むのではなく、管理職や学年団、養護教諭、学校カウンセラーなどが共通理解を図り、チームとなって対応することが求められます。

③**家庭や専門機関との連携**…家庭との連絡を密にすることはもちろん、学校が中心となり、児童相談所や医療機関、適応指導教室などの機関と繋がることがよりよい支援につながります。

4　学校適応感とは、「子供自身が学校の中でうまくやれていると思っている感覚」のことです。「アセス（学校適応感尺度）」を活用することによって、外からでは見えない不適応感を把握し、不適応な行動を未然に防ぐことができます。

（愛知県公立小学校　中川聡一郎）

UNIT ① **2．危機管理－子供たちを守る教員の心構え**

⑤学校不適応

○ **KEYWORD**

① アセスメント

② 支援体制の構築

③ アセス（学校適応感尺度）

1　「学校不適応」とは、どのような状態のことを指すのでしょうか。下の四角の中に書きましょう。

2　学校不適応に陥る原因として、どのようなものが考えられるのでしょうか。下の四角の中にできるだけたくさん書き出してみましょう。

3　学校不適応に対応するために、大切なことは何でしょうか。下の空欄に当てはまる言葉を入れましょう。

① **適切な** ア

② **チームでの援助・支援体制**

③ 　　　 **や専門機関との連携**

4　不適応な行動を起こさないためには、子供たちの「学校適応感」が良好であることが大切です。子供たちの「学校適応感」を、6つの側面から測定することのできる尺度を、何というでしょう。

発達障害に関する豆知識
Gifted ～ギフテッド～

　発達障害をもつ人たちの中には、「ギフテッド」と呼ばれる極めて高い能力を有する人たちがいます。

　いわゆる「天才」といわれる人たちのことです。

　アインシュタインやビル・ゲイツなども「ギフテッド」だといわれています。

　おおよその目安としては、IQ130以上であったり、芸術等の特異な才能があったり、ということが挙げられます。

　特別な才能をもったギフテッドたちですが、日常生活では苦しむ人も少なくないといいます。

　人間関係のトラブルで不登校になってしまったり、友人関係を築くことができず一人ぼっちでいたり…周りの子供たちが自分たちとの違いを感じ、変わり者扱いしてしまうということもあるようです。

　アメリカでは、このギフテッドの子供たちに合った教育ということで、「ギフテッド教育」と呼ばれるものがあります。

　ごく簡単にいえば、

> その子の得意をしっかりと伸ばしていくための教育

ということになります。

　また、ディスカッションや発表などの活動を積極的に取り入れ、表現する力を高めていくところにも特徴があります。

　日本ではまだあまり広がっていない「ギフテッド教育」ですが、昨今いわれている「個別最適な学び」、「協働的な学び」を意識することで、その子たちの自分なりの表現を生かしつつ、みんなで学んでいくということができてくるかもしれません。

　全て一律に教えるだけでは、伸ばすことのできない才能もあるということを心に留めておかねばならないということかもしれません。

もっと詳しく！→
QRコード：教育新聞連載「ギフテッド」の子供たち

（愛知県名古屋市公立小学校　堂前直人）

第2章

特別な支援を要する子に
配慮した授業・対応研修

UNIT ②　- (1)
多動な子に配慮した授業・対応研修

◎**ケース１**　小学校２年生Aさん。算数で練習問題を解いているときに、何の前ぶれもなく用もないのに、とつぜん席を離れて教室を歩き回ることがあります。歩き回りながら、時には友だちにちょっかいを出すことも…。

　先生方ならどのような対応を取りますか。

　　　　　　　　　　　　　　　　　　　　　　　　　　　　　　　　　

◎**ケース２**　小学校５年生Bさん。教室でいすに腰かけているとき、ふと見ると、いすをななめにかたむけて背もたれによりかかり、前後にグラグラゆらして動いています。課題を終えた後でも取り組んでいるときでも、とにかく落ち着きがありません。

　先生方ならどのような対応を取りますか。

　　　　　　　　　　　　　　　　　　　　　　　　　　　　　　　　　

　先生方のクラスにふらっと席を立ってしまったり絶えず体を動かしていたりする子はいませんか？　いわゆる"落ち着きがない"といわれる、多動の子です。ここでは多動な子について考えてみましょう。

（1）多動の要因は「ドーパミン」不足

　そもそも、多動の要因は何でしょうか。

　それはドーパミンと呼ばれる神経伝達物質にあります。“落ち着きがない子”に見られる多動性や衝動性などの症状は、このドーパミン不足によるものと考えられています。

　ドーパミンは、意欲的に学習するためには欠かせません。実は多動の子たちは、意識せずとも、動くことによってこのドーパミンを出しているのです。

　とはいえ、許容できる範囲ならば動いていても目をつむってもよいところですが、度を超してしまうとトラブルやケガにもなりかりません。

　実は授業中の教師の関わり方でも、子供たちにドーパミンを出すことができます。そうすると多動の症状が抑えられます。

動くことで落ち着く子がいる

という視点のもと、授業での対応を考えていきましょう。

（2）　授業での対応　ドーパミンを出させるポイント

ポイント指導①動かす（作業させる）

　授業中、子供たちを動かす（作業させる）にはどのような指示がありますか。ここでは、国語や算数の授業場面を思い浮かべて、書いてみましょう。

＜例＞「３回読んだら座りましょう」「隣の人と相談」「見つけたら指でピタッと押さえて」「３人と〇〇したら座ります。全員起立」

　〇書き終わったら近くの方々と共有してみましょう。授業での指示のバリエーションが増やせます。

　読む、書く、話す、など、作業はたくさんあります。授業で教師の話を聞くだけになってしまうと、ドーパミンが不足していってしまいます。

ポイント指導②高得点でほめる

授業中、子供たちをどのようなほめ方ができますか。書いてみましょう。
＜例＞「100点満点」「花丸！」「100点満点で…200点！」「AAA（トリプルエー）」

○書き終わったら近くの方々と共有してみましょう。授業でのほめ方が増やせます。

点数、花丸を「書いてあげる」のも効果があります。

ポイント指導③見通し・目的をもたせる

授業中または学級活動で、どのような指示ができますか。書いてみましょう。
＜例＞「3番の問題までやったらノートを持ってきます」「教室をきれいにします。ゴミを10個拾いなさい」「（手順等を板書し）黒板に書いた順番でやります」

○書き終わったら近くの方々と共有してみましょう。指示のバリエーションが増やせますね。

見通しがもてたり、何のためにやるかわかると、安心して取り組めますね。

ポイント指導④挑戦させる

授業中、挑戦させるためにどのような指示ができますか。書いてみましょう。
＜例＞「やってみたい人？」「3個書けたら1年生、6個書けたら2年生、9個書けたら3年生…」

○書き終わったら近くの方々と共有してみましょう。指示のバリエーションが増やせます。

挑戦するときはワクワク・ドキドキします。熱中します。

ポイント指導⑤変化をつける

国語で音読する場面を考えてみましょう。変化をつけるためにどのような指示ができますか。書いてみましょう。

＜例＞「先生のあとに続けて読みます」「男子と女子で。（丸）交代で読みます」「できるだけ速く読みましょう」「図書館で話すときぐらい小さな声で読みます」

○書き終わったら近くの方々と共有してみましょう。指示のバリエーションが増やせますね。

様々な学習活動で変化をつけることを意識すると、飽きずに取り組めます。

最後に、多動の子たちに向けた教材『ふみおくん』の紹介です。詳細はこちらのQRコード（リンク先：教育技術研究所）からご覧ください。

いすに腰かけながら体を動かしている子供たちが、集中して学習に取り組むための合理的配慮にもなります。

（長野県公立小学校　高見澤信介）

UNIT ② ー (2)
文章を読むことが苦手な子に配慮した授業・対応研修

1　教室でこんな子はいませんか。文章を読むときに、たどたどしかったり、読み違いが多かったりする子。下の項目でチェックをしてみましょう。

文字を一つ一つ拾って読む（逐次読み）	
語あるいは文節の途中で区切ってしまう	
読んでいるところを確認するように指で押さえながら読む	
文字間や行間を狭くするとさらに読みにくくなる	
初期には音読よりも黙読が苦手である	
一度、音読して内容理解ができると二回目の読みは比較的スムーズになる	
文末などは適当に自分で変えて読んでしまう	
本を読んでいるとすぐに疲れる（易疲労性）	

国立成育医療センターHPより転載

2　読みの困難さにはどのような特徴がありますか。
　以下の四角に当てはまる語を入れましょう。

①文字を音声に変換するという [　　　　　] な処理に困難さがある。

②見て情報を得るという [　　　　　] な処理に困難さがある。

3　このような子供たちに、どのような対応方法が考えられますか。
　思いつくことを箇条書きにしましょう。

例　隣で一緒に読んであげる

4 タブレットやPCにある機能を使うことで、支援をすることができます。
実際に試しながら、取り組んでみてください。

（1）読み上げ機能（Word）
Wordに搭載されている読み上げ機能です。（表示→イマーシブリーダー）

（2）ハイライト機能（Word）
　イマーシブリーダーでは、行をフォーカスし、読み上げている個所をハイライト（明るく表示）していく機能もあります。

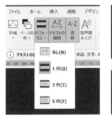

　また、設定から、声質や速度を変えることもできます。

（3）ルビ振り機能

　ルビを振りたい言葉を選択した後、【ルビ】タブを押して設定します。

＜解説＞

1　文章を読むことが苦手

　特に初見の文章を読むときに、たどたどしかったり、読み違いが多かったりします。音読が苦手というのは以下のことが考えられます。

　①文字を音声に変換するという聴覚的な処理に困難さがある。

　②見て情報を得るという視覚的な処理に困難さがある。

　本人がどこに困難さがあるのか専門機関に相談してもらえるとよいですが、なかなか難しいのが現状です。以下、LDの検査を紹介します。

・LDI-R　LD　判断のための調査票

・URAWSS

　（Understanding Reading and Writing Skills of School childrenⅡ）

　　著者：河野俊寛、平林ルミ、中邑賢龍

・STRAW-R　改訂版 標準読み書きスクリーニング検査 －正確性と流暢性の評価－

　　著者：宇野彰、春原則子、金子真人、Taeko N. Wydell（ブルネル大学 教授）

・ELC：Easy Literacy Check

　読み書き困難児のための音読・音韻処理能力簡易スクリーニング検査

　　著者：加藤醇子、安藤壽子、原 惠子、縄手 雅彦

2　対応

【個別指導の場面】

　①の場合は、音を視覚や動作でとらえたり、ゆっくりとはっきり話し、音をとらえやすくしたりします。②の場合は、一文字ずつではなく、単語のまとまりでとらえられるようにします。また、フォントを変えたり、行間を広げたり、ハイライトしたりして見えやすくするという方法もあります。

フォント例　　UD＝ユニバーサルデザイン

　「UDデジタル教科書体」

　「BIZ UDゴシック」、「BIZ UD明朝」

　ビジョントレーニングを取り入れ、見え方の改善を図るのもよいでしょう。

【一斉指導の場面】

　音読をする場合、初見文章をあてて読ませることはしません。本人が読めるようになってから、あてて読ませることはあります。

3　機器の活用

　タブレット端末の使用によって、個別対応の可能性が広がります。

> ①読み上げ機能を使って音声で聞くことができます。
> ②ハイライト機能を使って文字を追うことができます。
> ③ルビ振り機能を使うことができます。
> ④試験対応で人的資源での読み上げをしていた場合、タブレット端末でその代わりができます。

4　デジタル教科書

　各出版社からデジタル教科書が準備されています。学習者用を使用できるならば、読み上げ機能、総ルビ等が備わっています。これは学校や教育委員会が用意する必要があります。

　また、個人で申し込める教科書もあります。

　デイジー教科書：人の声による音声で小学生向け。

　AccessReading：機械による音声で中高生向け。

　１人１台タブレットのおかげで、今まで人と違うことが嫌だという子供たちも、教室で使うことが可能になっています。

5　保護者との連携

　保護者と相談することをおすすめします。家庭でできること、学校でできることをお互いに理解したうえで、本人のよりよい学習環境を整えていく必要があります。

（埼玉県公立中学校　豊田雅子）

UNIT ②−(3)

文章を書くことが苦手な子に配慮した授業・対応研修

◎授業で「昨日の遠足の作文を書きましょう」と言うと、ASD
の診断を受けているAくんが「何を書けばいいか、わからな
いよ！」と言ってパニックになりました。

　「昨日の遠足の作文を書きましょう」という指示は、何がよくなかったので
しょうか。よくなかった理由と、正しい対応法について書いてみましょう。

（あなたの考えを書いてみましょう）

（１）自閉圏の子供たちの認知には、特徴があります。その特徴を書きましょう。

①大まかで、□□□□なことが苦手。
②□□□ところに焦点が当たる。

（２）「昨日の遠足の作文を書きましょう」という指示でパニックになった理由
　　を、"自閉圏の子供たちの認知の特徴"をふまえて書きましょう。

【解説】「遠足の作文を書きましょう」という指示は「大まかな表現」である
ため、自閉圏の子供たちにとっては何を書けばいいのかイメージできず、パ
ニックになってしまったと考えられます。

（3）自閉圏の子供たちに「作文を書かせる」ときの対応の基本は何ですか。
　　□にあてはまる言葉を書きましょう。

書き方や書く内容を　　　　に教える。

（4）自閉圏の子供たちに対する「遠足作文の書かせ方」のステップについて、
　　□にあてはまる言葉をなぞりましょう。

①遠足で　何をしたか　を聞く。
②一番　楽しかった　ことを聞く。
③　一番楽しかったことを書きなさい。
と指示する。

（5）（4）のように指導しても、書けない子がいます。このような場合、どのよ
　　うに対応すればよいでしょうか。

（あなたの考えを書いてみましょう）

◎具体的な対応例について、□の中にあてはまる言葉を書きましょう。

早く書けた子の作文を　　　　させる。

【解説】具体的に書く内容を教えても書けない子は、「書き方がわからない」可能性が高いです。早く書き終わった子の原稿用紙を黒板に貼り出し、「参考にしてもいいですよ」と言って真似をさせることで、書き方を学習することができます。

【参考文献】「発達障害の子どもたち」杉山登志郎著　講談社現代新書

<解説>

（1）ASD（自閉スペクトラム症）の子の認知の特徴を知る

　発達障害の子、特にASD（自閉スペクトラム症）の子は、作文を書くことに苦手意識がある子が多いです。なぜ、彼らは作文を書くことが苦手なのでしょうか。

　これは、自閉圏の子供たちの認知の特徴に関係があります。

---

　①「大まかなこと」や「あいまいなこと」が苦手。
　②「細かい」ところに焦点が当たる。

　イギリスの精神科医ローナ・ウィングは、自閉症の障害の1つとして、「創造力（イマジネーション）の障害」を挙げています。大まかなことやあいまいなことを、イメージすることが難しいのです。逆に、自閉圏の子供たちは、細かいところに焦点が当たります。

　「遠足の作文を書きましょう」という指示で、自閉圏の子供たちが作文を書くことができないのは、次のような理由があります。

　「遠足」と言われて、多くの子供たちは遠足全体をイメージできるが、自閉圏の子供たちは遠足の一部分に焦点が当たるため、どの部分を書けばよいか迷ってしまい、どのように書いてよいかわからなくなってしまうから。

（2）「行事作文」を書かせるときのポイント

　彼らに「行事作文」を書かせるときの対応の基本は、次のことです。

　書き方や書く内容を、「具体的」に教える。

　あいまいなことがイメージできない自閉圏の子供たちに、「遠足のことを書きなさい」と言っても、何を書いてよいかわからず、パニックになります。

　「何を書けばよいかわからない」という子には、具体的に書く内容を教えます。

> ①遠足で「何をしたか」を聞く。
> ②その中で、「一番楽しかったこと」を聞く。
> ③「一番楽しかったことを書きなさい」と指示する。

①遠足で「何をしたか」を聞く。

　まず、わからないと言っている子のところへ行き、「遠足で、〇〇さんは何をしたかな？」と聞きます。

　これは、ほとんどの子が答えられます。「バスに乗った」「みんなでお弁当を食べた」「友だちと一緒にアスレチックで遊んだ」など、様々なことを話してくれます。

　もし、何をしたかがわからない子の場合は、「何に乗って動物園に行ったかな？」「お昼には、何か食べたよね。何を食べたの？」と、さらに具体的な質問をするようにします。

②その中で、「一番楽しかったこと」を聞く。

　次に、何をしたかを聞き出したら、「その中で、〇〇さんは何が一番楽しかった？」と聞きます。これも、ほとんどの子が答えられます。動物を見たことが一番楽しかった子もいれば、お弁当を食べたことが一番楽しかった子もいます。

③「一番楽しかったことを書きなさい」と指示する。

　最後に、「じゃあ、その一番楽しかったことを作文に書きましょう」と指示をします。

（３）具体的に教えても書けない子への対応

　書く内容を具体的に教えても、書けない子はもちろんいます。

　その場合は、次のようにします。

> 早く書けた子の作文を「真似」させる

　作文が得意で、あっという間に原稿用紙１枚を書いてしまう子がいます。早く書いた子の作文を、黒板に貼り、「前の作文を参考にしてもいいですよ」と指示します。作文の苦手な子には、個別に声をかけ、作文を見て真似するように指示します。

（兵庫県公立小学校　堀田和秀）

年　　　月　　　日

UNIT ②—(4)
人前で話すことが苦手な子に配慮した授業・対応研修

（1）学校などのある特定の場面でだけ全く話せなくなってしまう現象
があります。何という現象でしょうか。□に言葉をいれましょう。

□ □　　緘^{かん}　黙^{もく}

（2）全く話せなくなってしまう子供への「話さないことについての対
応」として、どのように対応したらよいでしょうか。□に言葉をい
れましょう。

北　風　と　□　□

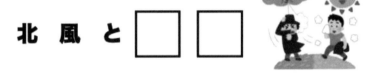

（3）話せない子供には太陽のように接することが基本中の基本です。
セロトニン5（みつめる、ほほえむ、話しかける、ほめる、ふれる）
のうちの2つが大変効果的です。何と何でしょうか。□に言葉をい
れましょう。

（4）場面緘黙の背景には、発達障害を持っている子供も多いです。
教師はどのようになることが大切でしょうか。□に言葉をいれま
しょう。

□ □　者になるということ

本テキストは『教育トークライン』2015年5月号下妻玄典氏の論文をベースに作成しました。

48

（5）場面緘黙ではないですが、「普段はよくしゃべるのですが、授業中など人前で話すときに、黙ってしまったり、声が小さくなってしまう子」がいます。どのような手順がありますか。□に言葉をいれましょう。

1 ノートに意見を ☐ ☐ ☐ ☐

2 教師が書いたものに ☐ **をつける**

3 丸のついたノートを ☐ ☐ ☐ ☐

（6）教科書の音読などをするときになかなか声を出すことのできない子供もいます。どのような対応をするとよいでしょうか。□に言葉をいれましょう。

☐ ☐ **で読ませない**

（例）「みんなで読みましょう」
「男子（女子）で読みましょう」

（7）意見を口頭で言えない場合、Googleフォームなどを使って、自分の意見を書き込むことも可能です。何の利用ということができますか。□に言葉をいれましょう。

☐ ☐ ☐ **の利用**

＜ポイント指導＞

　48ページのテキストは、『教育トークライン』2015年5月号の言語聴覚士である下妻玄典氏論文「教室でしゃべらない子供への対応」を参考にして作成したものです。

（1）の答え　**場面**（緘黙）

　診断基準としてさらに2つあります。

> ・発話以外の、表情や動作などそのほかのやり方であれば、人とコミュニケーションを取ることができる。
> ・脳機能に問題はなく、行動面や学習面などでも問題を持たない＝発達障害ではない。

　しかし、実際の教育現場ではどうでしょうか。私が今まで見てきた場面緘黙の子供は、コミュニケーションそのものや、学習面に問題を抱えている場合が多かったです。

　言葉だけの問題と特化しないで、他の困難さを抱えているかどうかを見ていくことも大切であります。

（2）の答え　（北風と）**太陽**

　これは、話させようと北風を強く吹かすのではなく、太陽のごとくほほえみながら、温かく対応していくべきだということです。

（3）の答え　**ほほえむ、話しかける**

　平山愉氏が提唱したセロトニン5は、扁桃体を癒す対応です。

　みつめる、ほほえむ、話しかける、ほめる、ふれる

　この5つのどれも大切な対応ですが、特に教師がほほえむ、話しかけるということを繰り返すことで「今のあなたを受け入れているよ」というサインになるのです。

（4）の答え　**通訳**（者になるということ）

　（1）の解説でも書きましたが、発達障害を持っている子供も多いです。

　つまり、話さないのではなく、その時に必要な話し言葉を知らないということも十分に考えられます。子供が言いたいことを素早く察知し、共感し、代わりに言って聞かせる対応が重要です。

（49ページ）

（5）の答え　**書かせる、丸、読ませる**

　授業中に人前で話すことができない、苦手な子の多くは、

> 自信がない

のです。つまり、自信をもたせた状態で発表に臨ませると少しずつですが、声を出したり、人に聞こえる声になったりします。

　ノートに意見を書かせることで、何を話したらよいのかが明確になります。

　書いたものを持ってこさせます。持ってきたものに教師が丸をつけます。多少おかしなことを書いていても丸をつけます。丸がついたことで子供は自信をもつのです。

　丸のついたノートですから、子供は自信をもちます。それをそのまま読ませます。

　これらを何度も何度も繰り返すことで、少しずつ声を出せるようになっていきます。

（6）の答え　**一人**

　一人で声を出すのは恥ずかしいものです。だから、特に配慮の必要な子供がいる場合は、一人で声を出させません。複数で声を出す指示をします。最初は声を出さないかもしれませんが、状況に慣れてくると、少しずつ声を出すようになります。

（7）の答え　**ICT**

　口頭で言えないのであれば、ICTを利用することも可能です。Googleフォームに「Aに賛成かBに賛成か」という欄と共に「その理由を書きなさい」と作ります。

国語のみ（研究部の提案）	伝えるという研究主題と教科の特性が合っていると考えるため
国語のみ（研究部の提案）	「決める」「伝える」を推し進めるためには、国語がやりやすいと思う。
国語のみ（研究部の提案）	教科の目標として、「伝える」に特化した授業ができるのではないか
国語のみ（研究部の提案）	教科が分かれないほうが反省がしやすいと思う。
国語のみ（研究部の提案）	統一した観点で授業づくりができるから
国語のみ（研究部の提案）	今年度の実践を見るとほぼ国語で実施できると思います。
国語のみ（研究部の提案）	研究内容から領域を広げない方がいいから
国語のみ（研究部の提案）	真に研究主題に向かうために国語のみが良いと思う。ただ、中学校に関しては全員が国語を担当しているわけではないので、その部分を考えていかなければならないと思います。
国語と国語外（今年度と同様）	子どものコミュニケーションスキルには、言語と非言語共に大切であると考えるため。
国語外（研究部の提案）	国語の授業を受け継いでいくため。
国語と国語外（今年度と同様）	国語外で考えた時に、「伝える」を想定するのが難しいように思う。
国語のみ（研究部の提案）	国語のグループでしたが、どのような授業にするか考えていたときに、「伝える」を主題に書くとどうしても国語に寄っていってしまったので、国語のみの研究でもよいかと思います。
国語のみ（研究部の提案）	国語で一本化したほうが深められる。
国語外（教科）での授業内で取り組むには国語のみの方が良いと思う。	国語外（教科）での授業内で取り組むには国語のみの方が良いと思う。
国語と国語外（今年度と同様）	理論を獲得前の子どもたちについては、国語で状況を理解する。状況や気持ちも伝える。学習を行う。 理論を獲得後（または半分くらいは獲得している）の子どもたちについては、学活や生単などにも広げて、伝える力の活用を目指す？？？ 国語よりも生活面と絡むことでより具体的に考えやすくなる？？？

　発表は声を出さなければならないという既成概念を崩してみると突破口はあります。

（北海道公立小学校　赤塚邦彦）

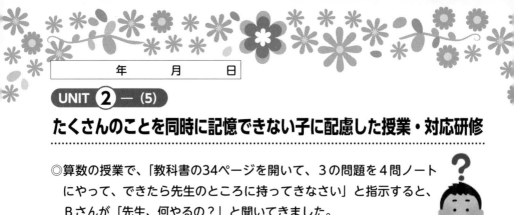

UNIT ② ー (5)

たくさんのことを同時に記憶できない子に配慮した授業・対応研修

◎算数の授業で、「教科書の34ページを開いて、3の問題を4問ノートにやって、できたら先生のところに持ってきなさい」と指示すると、Bさんが「先生、何やるの？」と聞いてきました。

　　この指示の何がよくなかったのでしょうか。よくなかった理由と、正しい対応法について書いてみましょう。

（あなたの考えを書いてみましょう）

（１）長い指示を出すと、「先生、何やるの？」と聞き返す子がいます。なぜ聞き返すのか、その理由を説明するキーワードは何ですか。書いてみましょう。

ワ⬜⬜⬜⬜⬜⬜⬜ー

（２）発達障害の子は、ワーキングメモリーの数が少ない子がいます。ワーキングメモリーが少ないことで、どのようなことが起こりますか。

同時にたくさんのことを ⬜⬜ できない。

（３）「教科書の34ページを開いて、3の問題を4問ノートにやって、できたら先生のところに持ってきなさい」という指示は、何がよくなかったのでしょうか。「ワーキングメモリー」という言葉を使って説明しましょう。

（4）ワーキングメモリーの少ない子供への対応の基本は何ですか。
　　□にあてはまる言葉を書きましょう。

一時 に 一事 を指示する。

（5）「教科書の34ページを開いて、3の問題を4問ノートにやって、できたら
　　先生のところに持ってきなさい」という指示を、一時に一事の指示に分けて書
　　いてみましょう。

（6）一時に一事の指示は、次のサイクルで行うとさらに効果があると言われま
　　す。□にあてはまる言葉を書きましょう。

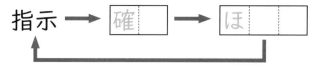

指示 ➡ 確□ ➡ ほ□

【応用問題】

　　算数の問題を黒板に右のように板書したと
ころ、発達障害のCさんはノートに「34＋
19」と問題を間違えて写してしまいました。

　　この板書の問題点と、正しい対応について
書いてみましょう。

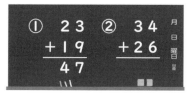

（あなたの考えを書いてみましょう）

＜解説＞

（1）長い指示を覚えていられない子ーその理由

　「教科書の34ページを開いて、3の問題を4問ノートにやって、できたら先生のところに持ってきなさい」という指示は、長い指示です。

　このことを理解するためのキーワードが、

> ワーキングメモリー（「作業記憶」または「短期記憶」）

です。ワーキングメモリーは、視覚や聴覚から入ってきた情報を一時的に保存しておく脳の機能で、「記憶の黒板」とも呼ばれています。

　ワーキングメモリーは、健常児の場合「7±2」程度意味のない数字などを一時的に覚えることができるといわれています。しかし、発達障害の子供たちの中には、ワーキングメモリーが「1〜2程度」しかない子がいることもわかっています。

　最初に示した指示は、次の点で問題があるということになります。

> 　長い指示を出すと、ワーキングメモリーの容量が少ない子供たちは、一時的に記憶ができないため、最初に何を言っていたのか忘れてしまう。

（2）ワーキングメモリーの少ない子への対応の基本

　では、ワーキングメモリー容量が少ない子に対して、どのように対応すればよいのでしょうか。対応の基本は、次のことです。

> 　一時に一事を指示する。

　「一時に一事の指示」とは、1回につき1つのことを指示するということです。

　最初に示した指示を次のように分けることで、発達障害の子も指示を聞き取ることができるようになります。

①　教科書を出しなさい。

②　34ページを開きなさい。

③　3に、指を置きなさい。

④　4問を、ノートにやりなさい。

⑤　できた人は先生のところに持っていらっしゃい。

また、指示を出したあとは、次のサイクルで指導することが効果的です。

①　一時に一事の「指示」を出す。

②　子供ができているかどうか「確認」する。

③　できていたら、「ほめる」。

（3）板書にも、ワーキングメモリーへの配慮が必要

　たとえば、計算問題で「①23＋19＝47」の問題を書いたあと、そのすぐ隣に「②34＋26」の問題を書いたとします。すると、「②34＋19」と写し間違いをしてしまう子がいます。これは、何が問題なのでしょうか。

　②の問題を写すときに、ワーキングメモリー容量の少ない子はすべて覚えて書くことができません。上の数字を覚えてノートに書き、顔を上げた瞬間①の問題が目に入り、下の19を写してしまったのです。

　ワーキングメモリー容量の少ない子供に配慮するためには、「①の問題が終わったら、①を消して②の問題を書く」「①の問題と②の問題の間に線を引く」などの対応が必要となります。

（兵庫県公立小学校　堀田和秀）

UNIT ② — (6)
大きな音が苦手な子に配慮した授業・対応研修

1　聴覚過敏とは？

発達障害のある子たちの中には、音に対してとても敏感な子がいます。

これを　　　　過敏　　　といいます。

具体的には、「クラスで飼っているメダカのエアーポンプの音が気になる」、「運動場でやっている体育の音で集中できない」などが挙げられます。

【演習】　右のQRコードを読み込むことで、聴覚過敏を疑似体験できる動画を視聴できます。（動画元：PriPri プリプリ チャンネル）

動画を視聴して、感想を交流してみましょう。

感想を書きましょう。

このような状態で、日々生活しているわけなので、相当のエネルギーを消費しながら過ごしていることが想像できるかと思います。

また、何か言われても、上手に聞き取ることができずに反応できなかったり、聞き間違えてしまったりするということもあります。

意図せず相手を不快にしてしまい、トラブルになってしまったという事例もあります。

また、本人にも自分の聞こえ方に困っているという自覚がないため、そのことに対する配慮や支援が必要なことに気付かれない、ということもあります。

結果、支援者の聴覚過敏への理解の有無が、その子の生活のしやすさに大きく影響してしまうということが起こります。

2 聴覚障害の原因

　この聴覚過敏の原因の一つに、「音を選択することが苦手」ということがあるといわれています。

　人は自分の周りにある様々な音の中から無意識に、必要な音を選んで聞き分けています。

　しかし、この「音を選択すること」がうまくできないので、どの音も同じように聞き取ってしまいます。

　エアーポンプの例で考えると、①先生の授業の声、②隣の子の声、③エアーポンプなどの音、④車の音、などが全て同じような音量で聞こえてしまっているということになります。

　このような状態なので、たとえクラス全体が静かに作業しているような場面でも、鉛筆の音や外の音が気になって集中できないということが起こります。

Q　聴覚過敏の子が気になってしまう「教室の音」にはどんなものがあるでしょうか？
　また、「通学路」、「学校内」でも考えてみましょう。

　先に述べた水槽のエアーポンプはもちろん、扇風機の音、先生の足音、廊下を歩く人の声、運動場からの声、シャープペンシルやボールペンのカチカチという音、など、気になってしまう音がたくさんあります。

　可能な限り、そういった音を減らすことが、一つの大きな支援になります。

また、通学路でも、注意が必要です。学校よりも様々な音があるため、自転車の呼び鈴や自動車のクラクション、人の呼び声など、危険を知らせる音に気付けないこともありえます。

3　事例別対応例

Case 1　椅子を引きずる音が苦手な子

　掃除の時間、椅子や椅子を引きずる音がどうしても我慢できず、イライラしてしまう子がいます。

　どのような配慮・対応・支援が考えられるでしょうか？

　考えを書いて、交流してみましょう。

　椅子や机が床にこすれるガーっという音が苦手な子がいる場合、その音が減るような工夫をすることが望ましいです。

　まず単純に、机を持ち上げる、椅子を持ち上げる、という指導を全体にすることで、音を減らせます。

　ただし、どうしてそうするのかの「趣意説明」が大切になります。床に傷をつけないため、大事なことを言ったときに聞こえるようにするため、など子供が納得できる理由をあわせて話しましょう。

　全く別の方法として、「椅子や机の脚にカバーをつける」ことで、こすれる音を減らすことができます。

　カバーは市販されているものがありますので、大量に対処する場合は楽です。他には、テニスボールに切れ目を入れて装着する方法もあります。また、フェルト布を貼りつけるだけでも、効果はあります。

Case 2　運動会の音が苦手な子

　運動会の音が苦手だ、という子もいます。

　放送機器の音もそうですし、雷管の音もそうです。応援の声が苦手、という子もいます。

　どのような配慮・対応・支援が考えられるでしょうか？

　考えを書いて、交流してみましょう。

　例えば、雷管をやめて、電子ホイッスルにする、という方法があります。実際にそのようにしている学校も聞いたことがあります。

　また、練習のときから雷管を使って、音に慣れておくという方法もあります。

　事前に、「大きい音が出るよ。ドーンって打つ花火くらい大きい音だよ。先生が音を鳴らすときは、こうやってポーズするから、嫌だなって思ったら、耳を塞ぐといいよ。音が小さくなるからね。１回やってみるぞ。準備はいいか？」と音の大きさ、回避の仕方、リハーサルとやっておくことで、急に大きい音が出てびっくりする、ということが減ります。

Case 3　いろんな先生から指導されて困ってしまう子

　時にTT指導や生徒指導、水泳指導、行事指導など、複数の先生で指導に当たることもあると思います。

　そういったときにも気をつけておきたいことがあります。

　「誰の話を聞けばよいのか」を明確にすることです。

　中心で指示を出す先生をはっきりさせておくだけで、混乱なく指導を受けることができます。

（愛知県名古屋市公立小学校　堂前直人）

第2章　特別な支援を要する子に配慮した授業・対応研修

59

UNIT ②－(7)
衝動的に行動してしまう子に配慮した授業・対応研修

◎席を離れて興味のあるものに近づいたり、パッと思ったことを言ってしまったり、興味が次々と移ったり…衝動性の見られる子にはどのような行動が見られますか。書き出してみましょう。

```



```

◎衝動性の特性は次のものがあります。
　①**目の前のことだけに反応する**
　②**突然はじめる**
　③**思考が単純**
　④**場当たり的**
　⑤**その後のことを予想できない**
　教師の働きかけによって、衝動性を防ぐことができます。どのような働きかけが有効でしょうか。書いてみましょう。
＜例＞机の上を必要なものだけにする　見通しをもたせる　時間を区切る

```



```

衝動性を抑えるキーワード、1つ目は神経伝達物質「ノルアドレナリン」です。「緊張」を感じたときに分泌されます。

　教師の働きかけとして次の5つの方法が有効です。

ポイント指導①時間を制限する

＜例＞「あと○分で終わりです。」「○時□分までやります。」

【演習】他にも時間を制限する言葉を書いてみましょう。

○書き終わったら近くの方々と発表し合ってみましょう。いいと思ったものをメモをしておけばバリエーションが増えますね。

　時間制限によって焦ったという経験はありませんか。「あと○秒」など時間に制限をかけると、緊張状態を作り出すことができます。

ポイント指導②指示をする

＜例＞「〜します。」「〜やります。」

【演習】授業でもその他の場面でも、自身が子供たちにする指示をセルフチェックしてみましょう。できていたら印をつけます。

□指示をするときに言い切っている。

　「〜してくれるかな？」「〜して欲しいんだけど」と語尾を濁してばかりいませんか。時にはそのような指示をすることもありえますが、はっきり「〜します」と言い切った方が伝わります。

□子供の目を見て指示をしている。

　指示をするとき、黒板に向かってだったり教科書などを見ながらだったり、意外と子供を見ずに指示してしまいがちです。目でも訴えかけるようなイメージを持って、子供の目を見て指示をしましょう。

□堂々と指示をしている。

　フラフラしながら指示をしていませんか。頼りなさそうな印象を与えないように、堂々と指示をしましょう。

ポイント指導③指名する

＜例＞「○○さん」「この列の人に発表してもらいます。」

【演習】指名をするときの指示を書き出しましょう。

○書き終わったら近くの方々と発表し合ってみましょう。いいと思ったものを
メモをしておけばバリエーションが増えますね。

　指名することで緊張感を生むことができます。

ポイント指導④待たせる

＜例＞「AさんBくんCさんの順に言ってもらいます。」

　「はい！　はい！　はい！」と、いつも発言したがる子はいませんか。指名すると
き「大物は最後にあてますよ」などとユーモアをまじえて待たせるのもいいです
ね。その子にとっては、待っている間に緊張感があります。

ポイント指導⑤そばにいく

＜例＞○○さんに近づく　　○○さんの方に視線を向ける

〜ノルアドレナリンは「スパイス」〜

　ノルアドレナリンは蕎麦に入れる七味のようなものです。穏やかな対応の中
に、ぴりっと効かせると効果大です。先生が近寄ってきた！　それだけでも子
供は緊張を感じます。ですから多用しすぎは禁物です。慣れてしまうからです。

　衝動性を抑えるキーワード、２つ目は神経伝達物質「セロトニン」です。セロ
トニンは、安心感や満足感を感じると分泌されます。ストレスに耐える力やドー
パミン（※『多動な子に配慮した授業・対応研修』参照）の制御を行う力があり
ます。

　多動や衝動性の症状は、セロトニンが出にくい状態であることにより起こると
いわれています。ですので、セロトニンが不足すると、イライラしやすくなった
り、集中力・注意力に欠けたりしてしまうのです。

教師の働きかけとして次の５つの方法が有効です。

ポイント指導①見つめる

　子供を温かい表情で見つめてあげてください。イメージは３秒ぐらいです（長かったりこわばった表情だと逆に「ノルアドレナリン」対応になってしまいます）。また先生の方を見てきたときはチャンスです。見つめ返してあげると効果的です。

【演習】隣の人と見つめ合ってみましょう。思わず笑みがうかぶはずです。

ポイント指導②ほほえむ

　にっこりとほほえんでください。口角を上げ、目尻を下げます。鏡の前でやってみると、ほほえんでいるつもりでも足りないとわかります。

【演習】隣の人とじゃんけんをし、勝った人がほほえみかけてみましょう。負けた人はほほえむ表情になっているか伝えましょう。終わったら交代です。

ポイント指導③話しかける

　「どうした？」「何をしているの？」と近くに寄って話しかけてあげてください。話の中で「そうだったのか」「Ａさんの想いはわかったよ」などと受容的・共感的に受け入れるのもいいです。

ポイント指導④ふれる

　肩にポンっと手を置いたり、頭をなでたり、スキンシップを取ります（男性教師が高学年女子へ対応する場合は注意が必要です。別のセロトニン対応を行いましょう）。

ポイント指導⑤ほめる

　その子が結果としてできたことだけではなく、わずかな成長や、努力している過程もほめられるといいです。

　～NG対応～

　衝動性が高い子には、注意や叱責が続きがちです。度重なる注意や叱責を受け続けると、情緒的にこじれて「反抗挑戦性障害」（教師の言葉に言い返したり、物や場合によっては人に当たったりする）になります。当然、人を傷つけたり人に迷惑をかけたりするような行動はいけませんが、「CCQ：Calm穏やかに　Close：近づいて　Quite：静かに」伝えるとよいでしょう。

（長野県公立小学校　高見澤信介）

UNIT ② - (8)

ぼーっとしてしまう子に配慮した授業・対応研修

◎A君は授業中、ぼーっとしてしまうことが多く、先生の指示も聞き
逃してしまいがちです。

　算数の時間、みんなが問題を解き終わってもA君はまだノートに
何も書いておらず、周りの子を待たせてしまうこともよくあります。

　「ぼーっとしてたらダメだよ」と言っても毎回同じことの繰り返しです。

　こんなとき、A君にどう対応すればいいでしょうか。

（あなたの考えを書いてみましょう）

(1) 対応のポイント

　大切なのは次のサイクルを回すことです。うすい字をなぞりましょう。

　発達障害では行動やコミュニケーションの問題を抱えているので、叱られた
り、注意されたりすることが多くなります。そのために、セルフ・エスティーム
（自己肯定感）が低くなってしまうことが大きな問題です。だから、「ほめる」こ
とが大切なのです。

(2) サイクルを回すポイント

サイクルを上手に回すためのポイントがあります。□に言葉を書きましょう。

①指示をスモールステップ化して「で□□こと」にする。

②視□的に指示を出す。

③できないことは手□□□でもできるようにする。

この3つのポイントを活かして、算数の時間にどんな支援ができそうですか。
自分の考えを書きましょう。

(3) 禁止語や命令語を使わない

禁止語や命令語はなるべく使わないことも大切なポイントです。
その際の対応のポイントは次の通りです。うすい字をなぞりましょう。

止めるのではなく、できる行動に切り替える。

今回の事例では、「ぼーっとしてたらダメだよ」と言ってしまいましたが、どのように言えばよかったでしょうか。自分の考えを書きましょう。

（4）成功サイクルにするための３つのポイント

　平岩幹男氏は『自閉症スペクトラム障害』（岩波新書）の中で、次のサイクルを確立することが療育（発達支援）では大事だと述べています。

「指示する」→「実行する」→「ほめる」

　しかし、実際には「指示する」→「実行できない」→「叱る、怒る」というサイクルになっている場面も見かけます。
　どうすればよいサイクルを回すことができるのでしょうか。

①指示をスモールステップ化して「できること」になっているか。
②「視覚的」に指示を出しているか。
③できないことは「手伝って」でもできるようにしているか。

　この３つのポイントを意識することで、ぼーっとしてしまう状況が改善し、「ほめる」チャンスが増えていきます。

①スモールステップ化して「できること」にする方法

　例えば、次の例題を解く場面で考えてみましょう。

　2.45は0.01を何こ集めた数ですか。

　この場面でのNG対応は「自分で考えてごらん」と言ってしまうことです。自分で考えることが難しいから、このタイプの子供たちは「ぼーっとしてしまう」のです。
　①2.45を３つに分けなさい。（２と0.4と0.05ですね。）
　②0.05は0.01を何こ集めた数ですか。
　③0.4は0.01を何こ集めた数ですか。
　④２は0.01を何こ集めた数ですか。
　⑤では、2.45は0.01を何こ集めた数ですか。

このように１つの問題をスモールステップにして解かせていきます。教科書の図をヒントにすれば、全員が答えられる問題です。

「できた」瞬間を連続でつくっていくからやる気が生まれ、ぼーっとする時間を減らすことができます。

②「視覚的」に指示を出す方法

先ほどの問題を考えるときに、視覚的に答えがわかる工夫も必要です。

例えば、次のように書くだけで子供たちは答えを発見していきます。

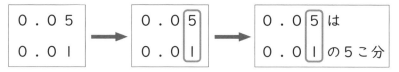

「は」「の５こ分」までつけ加えるようにすれば、言い方で迷うこともありません。

最初は先生の真似をして書かせますが、これを基本型として「0.4」や「2」の場合も書かせていくうちにやり方を理解するようになります。

練習問題も同じやり方でできるのでわからずにぼーっとすることもありません。

③授業中に短時間で「手伝う」方法

おすすめの方法があります。

> 教師が赤鉛筆で薄く答えを書く。

一斉に練習問題を解いているときにそっと手助けします。教師が薄く書いた答えをなぞっていくうちに「わかった！」と言い始めるようになります。

わかってきたら「あとは書ける？」と聞いたり、「すごい！　残りは全部自分でできたね」とほめたりするとよいでしょう。

「できた」を積み重ねていくことがやがて「できる」に変わっていきます。

（島根県公立小学校　太田政男）

UNIT ② − (9)

教師に反抗する子に配慮した授業・対応研修

> A男
> ○授業中に大きな声で私語をします。
> ○注意されると、ふてくされて、何もしません。
> ○教師や友達、誰に対しても大声で不満を言います。死ね、
> 　うるせー。きえろ。クソ。

①A男に対してやってはいけない対応は、￼　　　　　￼に任せて、子供と同じ土俵

で闘うことです。A男が教師に対してさらに反抗をしたり、ふてくされたりし

てしまう対応は避けたいです。

②教師に反抗する原因と反抗しているときの子供の￼　　￼のメカニズムを考える

ことが大切です。子供の言動には理由があるはずです。どんな理由があるか考

えるだけでも対応が違ってきます。

③A男には、日頃からほんのちょっとでもできたことを￼　　　　￼こと

で、自信をもたせることが大切です。気になる子は日頃から気にかけておく必

要があります。

④注意しなければならなくなったときには、注意したがために逆切れされてし

まったということがないようにどうしたらよいか考えておくことが大切です。

可能な限り、A男の言い分を聞いた上で、まずA男を￼　　　　　￼から指

導をします。基礎的な￼　　　￼や￼　　　￼の仕方を教えることが必要

です。

　「うるせー」「死ね」など周りの友達だけでなく、教師に対しても暴言を吐く子

がいます。放置していると同調する子が出てしまい、学級崩壊の危険性がありま

す。どう対応したらよいか事前に考えておく必要があります。

1　やってはいけない対応

　教師に反抗する子は、授業中の私語や指示に対して「やりたくない」など、「勝手なことばかりやって、何で先生は怒らないのだろう」と周りが思うような言動をすることばかりです。何とかしないといけません。しかし、これだけはやってはいけません。

> 怒りに任せて、子供と同じ土俵で闘うこと

　大きな声で怒鳴っても言い合いになったり、ふてくされた態度をとられたりしてしまい、解決が遠のいてしまいます。何より年度末まで同じ教室で過ごさなければならないのにお互いの信頼関係が壊れてしまいます。

2　なぜ教師に反抗をするのでしょうか

（1）原因は何かを確定する

　「注意される前に何かあったのではないか」「家庭で何かあったのではないか」など、本人に確認したり周りの子に聞いたりすればわかることは確認しておくことで教師の対応が変わります。何度も続くようなら、家庭に協力してもらい、入学前や生まれたばかりのときの様子を聞いておかないといけません。「大きな病気をしたり、事故になったりしていないか」「幼稚園のときはどんな様子だったのか」など、反抗する原因を確定します。

（2）脳のメカニズムを考える

　人間の脳は、感情が含まれている記憶を長期記憶として保存しておく性質があります。だから、感情や考えは、自分のもっている長期記憶に左右されます。「テストでよくない点だった。嫌な気持ちだった」という思いをもち続けている状態で、「50問テストをします」と言われると、「嫌だ。やりたくない」と言ったり、テスト用紙を丸めてしまう行動をとったりしてしまいます。また、「おにごっこをして遊んでいたら、タッチをしたのにされていないと言って逃げていったから腹が立つ」とイライラしている状態で、ノートに字が乱れてしまったときに「ちゃんと書きなさい」と注意されると「うるせー」と言って、教室の外に出て行ってしまいます。つまり、反抗する子の長期記憶は、ほとんどがマイナスの

記憶だと考えられます。このように考えると、教師が大きな声で怒鳴ったり威圧したりして力ずくで抑え込んでいるだけでは、低学年のときはおとなしくするかもしれませんが、中・高学年になると抑え込まれた反動で学級崩壊では済まない状態になってしまう危険性があります。よって、子供の発達や成長を考えるとマイナスだと考えられます。

3　どう対応すればよいのかを考える

（1）変わるのは教師

　教師に反抗するのだから、反抗挑戦性障害やADHDの傾向があると予想できます。その子供に怒鳴っても改善されるどころか悪化することは容易に想像できます。変わるべきなのは「教師」しかいません。

（2）自信をもたせる

　多くは叱られたり失敗経験ばかりだったりして育ってきているため自己肯定感が下がっています。自己肯定感を上げることが大切です。そのためには、

> ほんのちょっとでもできたことを褒めること

です。「褒めるところなんてない」と思ってしまいますが、掃除の時間に「掃除場所にいる」「ぞうきんをもってやろうとした」だけでも、認めて褒めることです。

（3）代替法を示す

　友達や教師に暴力をしたり暴言をはいたりした場合、厳しく注意したいところですが、教師が落ち着いて話を聞くことが大切です。子供によっては自分勝手な言い分やつじつまが合わない話をするかもしれません。可能な限り、言い分を聞くことです。また、黙ってしまう子もいます。そのときは時間を置いて話を聞いたり、「手を挙げたのに指名してくれなかったのが嫌だったのか」など、うなずいたり首を振ったりすることで意思表示ができるようにします。その上で、

> 基礎的な言葉や行動の仕方を教えること

が必要です。教師に反抗しているにもかかわらず、何が悪いのかわかっていない子がいます。その子に「何だ。その態度は！」と注意をしても「うるせー」と言われてしまいます。「うるせーと言われると先生は嫌だから、静かにしてくださいと言います」「机を蹴ると、音が大きくて周りの子が嫌がるから蹴るなら壁を蹴ります」など、別の方法を示すことです。

（４）一点突破の指導をする

　それでも注意をしないといけないときがあります。そのときは「死ねという言葉だけはダメ」など、１点のみに絞ります。あれもこれも指導しても伝わりません。「うぜえ」「きもい」「消えろ」など、様々な暴言の中でも「死ねと言ってはいけない。それはやめなさい」と言い続けます。そこで気をつけたいのが、

> まず、相手を褒めてから指導をする

ことです。「４月から〇〇君を見てきて、〇〇君は賢いなと思っています。そんな賢い〇〇君だから話しますが…。」と指導を始めると、こちらの話を聞こうという態度になります。１つの指導が伝わると、他の指導も伝わるようになります。

（引用・参考文献）
向山洋一全集100「ノーベル賞級？　特別支援教育の実践提案」（明治図書）
TOSS特別支援教育15「死ね」「みんないなくなればいい」と暴言・乱暴を繰り
　　返す子を担任する心得（桑原和彦氏論文）（教育技術研究所）
教育トークライン2016年12月「行動のメカニズムを知る　小野隆行氏論文」
　　（東京教育技術研究所）

（愛知県公立小学校　宮島　真）

発達障害に関する豆知識
処方される薬にはどんな効果があるの？

　ここでは、医療と連携している子供たちが処方される可能性のある薬について、いくつか紹介していきます。

　実際に処方された場合には、処方薬の効果を確かめるために、日常生活での様子を観察する必要があるため、学校での様子や薬の服用の有無による様子の違いなど、家庭と連携して観察していく必要があります。

　そのためにも、どのような効果のある薬なのか、理解しておく必要があります。

◆コンサータ

　ADHD症状に対して有効とされる薬。効果は早く出るが12時間程度しか持続しない。ドーパミン系、ノルアドレナリン系に作用して、神経伝達物質の結びつきを助ける。不注意や感覚過敏に効果があるとされる。食欲不振、不眠などの副作用が出る場合がある。

◆ストラテラ

　ADHD症状に対して有効とされる薬。十分な効果が出るまでに8週間程度かかるが、24時間持続する。ノルアドレナリン系に作用し、ノルアドレナリンの働きを強める。注意が集中しすぎるなどの症状に効果があるとされる。頭痛、食欲不振などの副作用が出る場合がある。

◆インチュニブ

　ADHD症状に対して有効とされる薬。効果が出るまでに2週間程度かかるが、24時間持続する。脳内伝達物質の漏れを防ぐことで、情報伝達を効率化する。多動性や衝動性に効果があるとされる。眠気などの副作用が出る場合がある。

◆ビバンセ

　ADHD症状に対して有効とされる薬。効果は早く出るが12時間程度しか持続しない。ドーパミン系とノルアドレナリン系に作用して、神経伝達物質の働きを高める。多動や衝動性に効果があるとされる。食欲不振、不眠などの副作用が出る場合がある。

◆エビリファイ

　自閉性障害に対して有効とされる薬。脳内のドーパミン量の調整を促す。ドーパミンが過剰な場合には抑制を促し、ドーパミンが少量の場合には刺激して放出を促す。それによってドーパミン神経を安定させる。体重増加や眠気などの副作用が出る場合がある。

◆メラトベル

　2020年に承認された新しい薬。発達障害に伴う睡眠障害に有効とされる。眠気を引き起こしたり、体を覚醒させたりするホルモンである「メラトニン」を調整し、睡眠を促す。

　子供の症状によって、処方される薬は変化します。効果の有無によって、種類を変更したり、服用量を変更するということもあります。
　保護者とよく連絡を取りながら、様子を見ていくことが大切です。
　また、薬物治療の目的は、

症状の改善による「成功体験」の獲得

が大きいです。
　「薬を飲んで落ち着いた」、「飲まなかったから落ち着かない」という変化が大事なのではなく、「落ち着いたそのときにどんな体験ができたのか」が大事です。

薬を飲んだら、友達と仲良く遊べた。
薬を飲んだら、落ち着いて勉強ができた。

　その場面を切り取り、先生がしっかりと褒めてあげることが必要です。
　そうやって少しずつ、これまで傷ついてきた心を癒してあげるからこそ、安心して過ごすことができるようになります。

（愛知県名古屋市公立小学校　堂前直人）

発達障害に関する豆知識
SDGsと特別支援教育

SDGsの取り組みが日本でも加速しています

　持続可能な開発目標（SDGs：Sustainable Development Goals）とは、2030年までに持続可能でよりよい世界を目指す国際目標のことをいいます。17のゴール・169のターゲットから構成され、地球上の「誰一人取り残さない」ことを誓っています。

　17のゴールの中には、「質の高い教育をみんなに」という教育に関する目標も入っています。例えば、次のようなことが書かれています。

> 　全ての子供が男女の区別なく、適切かつ効果的な学習成果をもたらす、無償かつ公正で質の高い初等教育及び中等教育を修了できるようにする。
> 　全ての若者及び大多数（男女ともに）の成人が、読み書き能力及び基本的計算能力を身に付けられるようにする。

　全ての子供、全ての若者には、今、私たちの教えている子供たちも含まれます。勉強の得意な子、苦手な子、運動の得意な子、苦手な子、おとなしい子、喧嘩っ早い子、発達障害のある子、「どの子も」です。

　そう考えてみると、SDGsで掲げる「誰一人も取り残さない」ことは、私たち教師こそ何よりも大切にしなければならないことといえそうです。

　子供たちは一人一人素晴らしい個性をもっています。とりわけ、発達障害のある子たちは、その個性が人よりも強調されています。

　これから私たちの生きていく時代は、ＡＩをはじめとするコンピュータと共存していく時代です。

　単純な作業能力は、コンピュータに劣ってしまいます。だからこそ、人間には「個性」や「アイデア」が必要とされます。

　そんな時代だからこそ、強い個性をもつ発達障害の子供たちの力は、未来に必要な力ではないかと思うのです。

　そして、「発達障害」やその背景にある「脳の働き」を学ぶことで、その子たちの力を伸ばしてやる。それも大切な教師の仕事ではないでしょうか。

（愛知県名古屋市公立小学校　堂前直人）

第3章

多様化する児童生徒への支援体制

UNIT ③ － (1) 担任一人で抱え込まない学校体制の確立
－教室環境の整備

すべての子供に配慮したユニバーサルデザインの学校を

　みなさんのクラスにも、いるのではないでしょうか。机の上のものをぽろぽろと落とし、ロッカーや机の中も常にぐちゃぐちゃ。整理整頓がとにかく苦手な子。そのような子には、次のような原因がある可能性があります。

> ①刺激物の量が多すぎて、一つに集中できないから。
> ②途中で興味が別のものに移り、より散らかるから。
> ③片付けること自体、興味のない作業で、努力する気持ちが起きないから。

　教室には、発達障害の子にとっては、様々な刺激物があふれていることが多いのです。それだけに教室の不要な刺激物は目の前に置かないことが大切です。

　一般に、ADHDの子は視覚的な注意機能が弱いといわれています。そこで、**必要なものは見やすくしてあげ、不要なものはできるだけ隠してあげること**が大切です。

※黒板は余計なものは貼らない。

うわばきは、「グー・ピタ・キラ」でせいとんしましょう。

※掃除用具のしまい方・上履きの入れ方も写真でモデルを掲示。

　教育環境の工夫としては、写真を掲示するなど、視覚情報でのモデルを示すことです。片付けが苦手な子には、学習しやすい机の**モデルを図や写真で表すこと**も大切です。きちんとできている子をほめつつ、学習しやすい机上とはどのようなものかを教えていくとよいでしょう。

　教室には、他にも様々な子がいます。それぞれ、どのような配慮が必要か考えてみましょう。

①周囲の物音などの刺激に敏感な子

②指示の理解に困難さがある、見通しをもつことが苦手な子

③読み書きに困難がある子

④すぐにキレてしまう子

①周囲の音やものなどの刺激に敏感な子には、イヤーマフの使用、仕切りのある机や場所の用意。机・いすの脚に緩衝材をつけて雑音を軽減する等。

②指示の理解に困難さがある、見通しをもつことが苦手な子には、言葉だけの指示ではなく、カードやイラスト写真や動画、模型などを使用して、視覚的な支援をする等。

③読み書きに困難がある子には、拡大教科書やタブレット等による音声読み上げ機能を使用したり、教科書やプリント、テスト等では、ルビつきのものや字が大きく印刷されているものを使用したりする等。

④すぐにキレてしまう子には、アンガーマネジメントのためのグッズ（握って気をまぎれさせるもの等）を常時置いておく、クールダウンするための小部屋等の確保等。

※クールダウンのための小部屋

　こういった教室環境の整備は**「合理的配慮」**といわれています。学校組織としては、障害のある児童生徒等に対する教育を行う場合に、教員、支援員等の確保、施設・設備の整備を行うといったことも含まれます。

　「最大の教育環境は教師自身である」という格言もあります。学校の教師集団が一人一人の子供にとって価値のある教育環境を創り出していきたいものです。

（東京都公立小学校　三浦宏和）

UNIT ③ ー（2） 担任一人で抱え込まない学校体制の確立
ー職員室との連携

どんな小さなことでも話す。話すと連携が生まれ始める

　職員室との連携において最も重要なことは、どんなことでも「話す」ということです。話してみようという小さな勇気が連携を生み出します。この連携を太く、広げていくことで、学校体制としての対応につながっていきます。

1　何でも「話せる」職員室の風土（雰囲気）づくり

　教職員の悩み調査で必ずといっていいほど上位に挙がるのが、「子供への対応」や「子供とのかかわり方」についてです。多様化する児童生徒への対応は、担任一人で抱えきれないことも多くあります。

　このようなときに、今すぐ、誰にでも、気軽にできることがあります。それが、

> 職員室でとにかく話す

ことです。「今日、こんなことがありました」「こういうことで悩んでいます」と、どんどん話します。学年主任の先生でもよいですし、話しやすい先生、管理職の先生でもよいのです。これは私の経験則ですが、管理職の先生は、どんなに忙しくても手を止めて話を聞いてくれました。少しでも迷ったら、管理職の先生に報告しておきましょう。

　自分の考えを周りに話すようにすると、話しているうちに自分の悩みが整理されていくこともあります。また、アドバイスをもらえることもあります。話を聞いた先生が教室を見に来てくれることもあります。「話してみよう」という小さな勇気が連携を生み出すきっかけになるのです。

　では、どのようにすれば、「話してみよう」という勇気を「話す」につなげられるのでしょうか。それは、

> 何でも話せる風土（雰囲気）があるか

ということに尽きます。職員室の同僚性と言い換えることもできます。最近は、働き方改革ということで、効率よく仕事を進めることが求められ、職員室で気軽に話すことができなくなったという話も聞きます。そんなときこそ、隣にいる先

生に「困っていることはない？」と一言あるだけでも随分と話しやすくなります。また、ミドルリーダーが率先して相談する姿を見せることで、話してよいのだという風土が職員室に生まれます。小さな勇気と職員室の風土という2つがあることで、連携が生み出されていきます。

2　児童生徒の情報を「話す」情報共有の会の設定

　児童生徒の情報を共有する会は、多くの学校で行われています。職員会議とセットになっていたり、独立した会議として設定したりしている学校もあります。担任や生徒（生活）指導主任、養護教諭、特別支援コーディネーターなど、各立場からの情報を報告する会です。全職員で共有するため、連携につながります。ここでのポイントは、

> 事実を明確に話す

ということです。「欠席が増えてきました」よりも「欠席が6日あります」の方が明確になります。全校の児童生徒の報告があるので、一人一人の時間が限られます。限られた時間の中で、より有意義な報告にするために明確に話すことが必要になります。最近では、事前に校務用PCの共有フォルダに情報を入れておくことで効率よく会を進行している学校もあります。

3　具体的な対応を「話す」ケース会議の設定

　一つ一つの事例をじっくりと検討できるのが、ケース会議です。校内のかかわりのあるメンバーで小さなチームを作り、必要なときに柔軟に開催していきます。特に、事例の初期段階を逃してしまうと、問題が長期化することがあるので、柔軟な対応が求められます。ケース会議のポイントは、

> 具体的（検証可能）な対応を話す

ということです。私が以前に生活指導主任を担当したときに行ったケース会議では、2つのことに留意しました。1つは、議事録を残すこと。もう1つは、長期目標と短期目標を明確にすることです。具体的な対応を共有し、定期的に検証して指導の方向性を統一することで、事例はよい方向へ向かっていきました。

（愛知県公立小学校　川合賢典）

UNIT ③ － (3) 担任一人で抱え込まない学校体制の確立
－保健室との連携

保健室だからわかる子供の姿や声がある

・・

「先生、おなかが痛いので保健室に行ってきます」

「先生、頭が痛いです。休んできていいですか」

　特に、体調が悪くないのに、なんとなく保健室に行きたい。休み時間に保健室によく顔を出す。そんな子を担任したことのある先生もきっといらっしゃるでしょう。自分がそうだった、という先生もいるかもしれません。

　私自身もそういった子でしたので、その子たちの気持ちがよくわかります。

Q　保健室に行きたくなる理由は、体調不良以外で、どんなものがあるでしょうか。

　予想して書いてみましょう。

　私が保健室に行きたくなる理由は、次のようなものでした。

　「なんとなくクラスにいづらい」、「仲の良い友達が休み」、「親に怒られた」、「友達とケンカした」、「テストが全然できなかった」、「なんだかちょっと疲れた」等々。

　今、大人になった自分が見れば、「そんなことで？」と自分の弱さが情けなくなりますが、当時の子供の心には大きな負担だったのだと思います。

　特に、小学校、中学校は、「思春期」といわれる「心の変化」を迎えます。それによって、不安感が高まったり、自己嫌悪に陥ったりすることもあります。

もちろん、担任の先生によるケアも必要でしょう。ただ、どんなに信頼している先生であっても、なんとなく言いづらいこともあるのです。

> そんなときに、駆け込みたくなるのが、「保健室」ということです。

だからこそ、養護の先生は、担任の先生の知らない子供の姿や声を知っていることがあります。

養護の先生と日頃から子供たちの様子を話しておくことで、教室では見えなかった心の悩みが見えてくることがあります。

Q　最近の保健室の様子を、養護の先生に聞いてみましょう。

①よく保健室に来る子

②最近表情が暗いなと思う子

③様子を見ていて気になる子

心の不調から始まる体調不良もあります。ただの怠慢に見えることでも、もしかしたら何かしらの子供たちの心の訴えなのかもしれません。

子供たちの様子を見て、少しでも「あれ？」と感じたときは、子供たちの様子を養護の先生と情報交換してみてください。新しい情報が得られるかもしれません。

最後に、そんな保健室の様子がわかる書籍を紹介します。

桑原朱美著『保健室から見える親が知らない子どもたち』（青春出版社）

（愛知県名古屋市公立小学校　堂前直人）

第3章　多様化する児童生徒への支援体制

UNIT **3** ― (4)　担任一人で抱え込まない学校体制の確立
　　　　　　　　　　　　　　―スクールカウンセラーとの連携

教室を見てもらうことから連携を始めよう

Q　スクールカウンセラーの仕事に当てはまるものは次のどれでしょうか？
　　番号に〇をしてみましょう。
　　①児童生徒へのカウンセリング
　　②保護者へのカウンセリング
　　③教職員へのカウンセリング
　　④不登校児童生徒への対応の助言
　　⑤災害時のメンタルケア
　　⑥思春期に対する基礎理解の研修
　　⑦児童の発達段階へのアセスメント（見立て）

　　上記の全てが、スクールカウンセラーの職務に該当します。
　　大きく整理すると、「カウンセリング」、「コンサルテーション」、「カンファレンス」、「研修」、「アセスメント」、「予防的対応」、「リスクマネジメント」の7つになります。
　　もちろん、全てをスクールカウンセラーの方にやってもらうことは難しいですが、こういったことをしてもらえるということを知っておくことで、いざというとき、自分たちの助けになることがあります。
　　発達の凸凹のある子供たちは、多くの教室に在籍しています。
　　対応の難しい保護者もいます。
　　長期にわたる感染症対策でこれまで以上にストレスを抱えている子もいます。
　　もちろん、教職員である私たち自身も、疲労やストレスを感じているはずです。
　　時にその対応を、先生が一人で抱え込んでしまうことがあります。
　　教職員には、責任感の強い方が多いので、自分でなんとかしなくては、と思ってしまうこともあるようです。
　　そうやって張り詰めた糸がどこかで切れてしまったとき、先生たちの心が一気に苦しくなってしまいます。

そうならないためにも、校内の支援体制が必要です。

スクールカウンセラーの方と連携をする、というのもそのうちの1つの方法です。

> Q 先生方が今、困っていることは何ですか？
> 　学級のことでも、家庭のことでもどちらでもかまいません。

もし、本当に苦しくなったときは、スクールカウンセラーの方に、相談してみるという方法があることを覚えておいてください。

とはいえ、なかなか悩み事を話せないのは、子供も大人も同じではないでしょうか。

そこで、カウンセリングなど、決まった仕事のないときには、

> カウンセラーの方に、教室を見て回ってもらう

ことをおすすめします。

カウンセラーの方から見て、「あの子大変だな」という子が見つかるかもしれません。アセスメントしてもらうことで、違った支援につながることもあります。

専門的な立場から、有効な手立てをアドバイスしてもらえることもあります。

そうでなくても、「先生のクラス、難しい子が多いですね」とクラスの大変さに共感してもらえるだけでも、先生方にとっては、安心できたり、力になったりするはずです。

スクールカウンセラーは、心の専門家です。ぜひ、子供たちのために、そしてご自身のために、協力体制を築いていってください。

（愛知県名古屋市公立小学校　堂前直人）

UNIT **3** ― (5) 担任一人で抱え込まない学校体制の確立
―保護者との信頼関係の構築

目的は子供の成長。そのために保護者の支援者になる

なぜ、保護者との信頼関係を構築する必要があるのでしょうか？

> あなたの考えを書きましょう。

保護者との信頼関係を構築する上で、大切なことや気をつけるべきことはなんでしょうか？

> あなたの考えやしていることをできるだけたくさん書き出してみましょう。

保護者との信頼関係を構築する方法１
子供の良さを見つけほめる。保護者に子供の良さを伝える。

　まずは、子供の良さを見つけ、子供をほめましょう。大変な子供、問題を抱える子供にも、どこかほめるべきところはあります。そこを見つけ、ほめるようにします。どうしてもほめるところがなければ、お手伝いをさせ、お礼を言いましょう。そして、子供の良いところを電話したり、連絡帳や一筆箋に書いたりして、保護者に伝えましょう。

　問題を抱える子供の保護者は、学校からの連絡と言えば、子供のトラブルや問題行動が多いです。だからこそ、まずほめることが大切です。

　世界的な名著『人を動かす』（D.カーネギー著）にも「人を変える９原則」の１つ目は「まずほめる」と書かれています。それだけほめることは重要なことです。

保護者との信頼関係を構築する方法2　指導者ではなく、支援者になる。

　学校には、今までの指導の蓄積や専門家からのアドバイスがあります。「こうすれば、この子は良くなる」という見通しがもてます。

　しかし、保護者にはそういう見通しがもてないことが多いです。

　その状態で、「一度、発達検査を受けてみましょう」「お医者さんに相談されてみてはいかがでしょうか？」と言われると、「子供のことを否定された」「子育てが間違っていると言われた」と受け止められ、学校の言うことを受け入れられなくなってしまうこともあります。また、祖父母から「あなたの子育てが悪い」と言われている保護者もいるかもしれません。

　だから、「こうすれば子供は良くなる」という方法があっても、一方的に保護者に伝えてはいけません。教師と保護者は、あくまで子供が成長していくために、「一緒に考えていきましょう」というスタンスが必要です。

　保護者は、指導者ではなく、自分を支えてくれる支援者を求めているのです。

保護者との信頼関係を構築する方法3　目的は子供の成長である。

　保護者との信頼関係を構築する目的は子供の成長です。教師も保護者も頭を柔らかくして、子供の成長のために様々な選択肢を考えることが必要です。そして、学校は、その選択肢を選ぶメリット・デメリットを示していくことが大切です。

　例えば、授業についていけず、離席を繰り返してしまう子供に対して「スクールカウンセラーに相談する」「特定の教科だけ取り出し指導を受ける」「発達検査を受ける」「転籍する」などといった方法が考えられます。さらに細かい対応としては「落ち着ける小物をもたせる」「ハードルを下げた学習内容に取り組ませる」「問題数を減らす」といった対応も考えられます。考えれば、さらに多くの選択肢があるでしょう。

　次に、それぞれのメリット・デメリットを示す必要があります。「スクールカウンセラーに相談することで、本人も気づけなかった原因に気づくかもしれない」「話すことで、安心でき、落ち着けるかもしれない」というメリットがあります。反対に、「スクールカウンセラーに話すことで、１時間授業を抜けなければいけない」「初対面の人で緊張して、何も話せず時間が無駄になるかもしれない」というデメリットがあります。

　このように多くの選択肢を用意し、メリット・デメリットを示すのです。

　その上で、教師と保護者が子供の成長を願い、一緒に考えていくことが大切です。

（愛知県名古屋市公立小学校　岩井俊樹）

UNIT ③ ─ (6) 担任一人で抱え込まない学校体制の確立
─支援会議のもち方

方針を立て、具体的な方策を決める

・・・

１　支援会議はいつ設定されていますか。

２　支援会議に参加するのは誰ですか。

３　報告する内容や手順を確認しましょう。

（１）不適応行動や問題行動をあげます。

いつ　どこで　だれが　関わった人や物

（２）その行動の原因は何でしょうか。

（３）不適応行動や問題行動に対して何をしましたか。

教員がやったこと
子供がやったこと

（４）方針を立てる。

誰が何をするのか

1　週1回の支援会議を時間割に入れる

　支援会議を時間割に入れることで、毎週相談できる機会を設けられます。支援会議には、担任、養護教諭、校長、教頭、スクールカウンセラーや相談員が参加をします。

2　学校組織として動く

　学校組織として、教育相談、特別支援コーディネーターという分掌があります。その他、各学年に教育相談担当を配置することが望ましいです。担任の目だけでなく教育相談担当が学年全体の子供たちを把握することができます。

3　方針を立てる

　相談内容がポイントとなります。こんなことがありましたという現象の報告のみならず、そのときに行った対応や行動から、今後どのような対応をしていくのかという方針を立てることが重要です。

　ABC分析という手法で整理することができます。

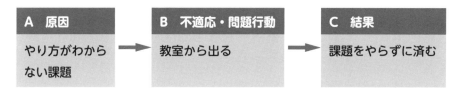

　Cの結果から「「教えて」と言えるようにし、教えてもらい課題が解けるようにする」というような方針を立てたとします。そして、よかった対応は継続し、悪かった対応は改善をしていきます。このとき、スクールカウンセラーや相談員の意見も伺えると視野が広がるでしょう。

4　具体的な方策

　いつ誰が何をするのか、学校組織として動きが決められるとよいです。

　例えば、もしも授業中に子供が教室を飛び出ることがあるならば、

　①職員室に応援を頼む（内線もしくは、誰が伝えに行くのか）

　②応援依頼があったら誰が協力するのか

　例えば、一斉指導の中では学習の進度に追いつけないという場合、

　①家庭との連携を図る（誰が相談窓口になるのか）

　②補習を行う（いつ誰がどのように行うのか）

　③支援員が教室に入る（どのように支援するのか）

　一つ一つ具体的に考えていくことが大切です。

（埼玉県公立中学校　豊田雅子）

UNIT ③ — (7) 担任一人で抱え込まない学校体制の確立
－外部機関との連携

それぞれの得意とする分野を生かす

....

１　外部機関と連携していたら…と思うことはどんなときですか。

２　誰がどこと連絡を取るのか決まっていますか。

３　こんなときどうするのかを考えてみましょう。

（１）虐待が疑われたら、誰に相談しますか。

（２）集金が滞っています。誰に相談しますか。

（３）登校渋りや不登校になっています。誰に協力を依頼しますか。

（４）保護者から相談を持ちかけられています。誰に協力を依頼しますか。

学校と連携する機関

　学校組織の中には、分掌の生徒指導と教育相談や特別支援コーディネーターがいます。

　学校には、常駐するほほえみ相談員や月にI回程度来校するスクールカウンセラー（SC）やソーシャルワーカー（SSW）がいます。

　ほほえみ相談員には、日頃から子供たちの相談相手となれる相談室運営をしてもらいます。

　SCには子供たちや保護者と相談する機会を設け、悩み相談や内容によって医療機関や療育の場の情報提供をしてもらいます。

　SSWには行政・福祉課との連携してもらいます。家庭内のことに触れることができるので、金銭面や生活について担当してもらいます。

　民生委員や児童委員は地域のことに詳しいです。学校外での様子を観察してもらったり長期休業中に見回りをしてもらったりします。

　それぞれの機関の得意分野と学校を連携していくことがより安心できる場を生み出すことができるのです。

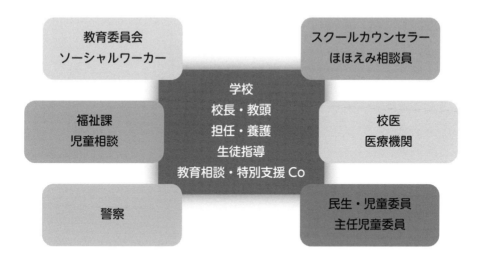

（埼玉県公立中学校　豊田雅子）

発達障害に関する豆知識
知能検査・発達検査

「ウィスク」という言葉を聞いたことのある方も多いのではないでしょうか。

このウィスクは、知能検査の一種です。正式には、「WISC」と表記されます。ウェクスラー式といわれる検査になります。

知能検査には、ほかにも、「田中ビネー」、「遠城寺式乳幼児分析的発達検査」、「WAIS」、「PARS-TR」など様々な種類があります。

どれも知能検査ですが、それぞれの検査によって、測定できる能力が異なります。

例えば、WISCでは、次のようなことがわかります。

言語理解：言葉を中心とした理解力、知識など。
知覚推理：視覚を中心とした状況の把握、理解の力など。
ワーキングメモリー：聴覚を中心とした記憶や注意力、集中力など。
処理速度：作業の正確さやスピード、処理能力など。

これらを総合的に踏まえて、全IQが測定されます。

一方で、田中ビネーは、検査によって精神年齢を算出し、そこからIQを測定します。それにより、WISCやWAISなどのウェクスラー系と比べると、より低いIQまで測定することが可能になります。

このように検査の種類によって、わかることは違いますが、大切な点は、「その子が何が苦手で、何が得意なのかを知ること」にあります。そうすることで、「苦手な部分をどう補っていくか」、「得意な部分をどう生かしていくか」といった支援につなげることができます。

さらにこういった知能検査に、「人格検査」といわれる検査を加えて、組み合わせることによって、より正確なアセスメントが可能になります。

人格検査の例としては、「内田クレペリン検査」、「ロールシャッハテスト」、「ベンダーゲシュタルトテスト」などがあります。

クラスの中には、こういった検査を受ける子もいるでしょう。ある程度の知識をもっていることはとても重要です。

（愛知県名古屋市公立小学校　堂前直人）

第4章

研修に必要な "とっておき情報"

UNIT ④ - (1) 今更聞けない!?
特別支援教育の基礎知識

①発達障害児が誕生するメカニズムは解明されているの?

　現在研究が進められている分野であり、まだはっきりとしたことはわかっていないようです。ただ、「遺伝性要因」と「環境性要因」が複雑に絡み合って関係しているのではないかといわれています。

　「遺伝性要因」とは、両親の遺伝子情報をコピーする際に、何らかのエラーが生じ、それがきっかけになっているのではないか、ということです。

　「環境性要因」とは、例えば、感染症や親の年齢、妊娠中の栄養状態などの母体からの影響、ということです。

②発達障害児が増えている?　訳とは?

　2012年の文部科学省の調査によると、発達障害の疑いのある児童生徒の割合は、約6%ほどであるというデータがあります。つまり、教室に1～2人の発達障害の疑いのある児童生徒がいるということになります。当時もそうですが今でも、学校現場の感覚では、もう少し多いのではないか、と感じます。

　増えてきている要因としてまず、「発達障害への認知度の向上」があります。今までは、「少し変わっている子」、「問題行動の多い子」と捉えられていた子たちが、「もしかして…」と受診することが増え、結果、発達障害の診断がつく子も増えたというわけです。発達障害の子が増えたというと大変さが増したような感じがしてしまいますが、それだけ周囲に理解してもらえる子が増えた、ともいえるわけです。

　また、発達障害の発症には、環境性要因が関係しているといわれています。「メディア視聴」、「ストレス」、「生活の乱れ」など、時代が進んでいく中で私たちの生活がこれまでと変化し、それによって子供たちにも影響が出てしまっているという専門家の見解もあります。

③発達障害児の脳、正常発達の子供の脳とどこが違うの？

これも、現在研究が進められている分野ですので、まだはっきりとしたことはわかっていません。ただ、「前頭前野」、「ワーキングメモリー」、「ミラーニューロン」、「神経伝達物質（アドレナリン・ドーパミン・ノルアドレナリン・セロトニン）」は重要なキーワードになってきます。本誌でもそれぞれのページで触れられています。

例えば、ADHDの子供は、ワーキングメモリーといわれる脳のメモ帳が、正常発達の子と比べると、少ないといわれています。そのため、多くのことを記憶することができず、忘れてしまう、ということが起こります。

神経伝達物資では、発達障害の子の場合は、物質をうまく分泌することができなかったり、うまく受け取ることができなかったりします。そのため、感情や行動をコントロールできなくなってしまいます。この点を解消するために、薬による治療が行われることがあります。

④発達障害児の保護者にはどんな学校・学級選択の基準があるの？

まず、進学先の選択肢としては、5つ挙げられます。「通常学級」、「通級指導教室」、「特別支援教室」、「特別支援学級」、「特別支援学校」です。これらは、自治体や地域によって、若干の違いがあります。例えば、通級指導教室は、全ての学校に配置されているわけではありません。在籍校に通級がない場合は、一部他校の通級指導教室に通うということになります。特別支援教室は、配置されていない自治体も多くあるようです。

また、就学先を決める際には、「就学支援委員会」が開催され、本人の状態や保護者の意志、専門家の見解などを踏まえて、総合的に判断をされます。保護者の方から何か希望や相談が出てきた際には、管理職に協力を要請しましょう。

⑤発達障害児の生涯設計─教育の中でどう考えるか

実際に社会に出て生きていくための最低限度の学力は、小学校4年生程度の読み・書き・計算であるといわれています。小学校4年生ですと、簡単な四則計算、小数、分数などを習得した段階になります。

社会に出れば、計算自体は、スマートフォンなどで計算できてしまいます。漢字も同じです。調べれば出てきます。ただし、どの四則計算なのかを判断できるか、同音異句の漢字を正しく使えるか、は一定の知識・技能が必要になってきます。そういった意味で考えると、その学年のことを100％同じようにやっていくことが、真の意味で価値があるとは言えないのかもしれません。

　加えて、発達障害のあるなしにかかわらず、「自尊感情」、「自己肯定感」は子供たちの将来を考えていく上では重要になってきます。私の出会ってきた発達障害の子供たちの多くが、「傷つき体験」を多く経験してきています。その結果、「自分は他と違う」、「自分にはできない」、「やっても意味がない」と悲観的に考えていってしまいます。「将来を生きていくエネルギー」としても、子供たちの自尊感情、自己肯定感を高める指導を意識していきたいものです。

⑥日本の特別支援教育─世界水準で考えるとどうなるか

　はっきり言って、遅れているといわざるを得ないでしょう。私たちの研究会では、アメリカの特別支援教育の視察に繰り返し出かけています。その報告を聞くたびに、諸外国との差を感じます。

　例えば、椅子。日本では、一律同じような椅子で子供たちは授業を受けます。アメリカでは、「自分の好きな椅子を選ぶ」のです。柔らかいものが好きな子もいれば、かたいものがいいという子もいるでしょう。たかが椅子ですが、姿勢の保持が難しい発達障害の子供たちには効果が期待できます。

　また、「マルチセンサリー（多感覚学習）」についても、日本ではほとんど聞きません。一般的な目、手、口、耳といった入出力器官だけでなく、体全体を使ったり、複数の感覚を使ったりすることで学習の効率を高め、定着させていくわけです。

　「長期記憶への支援」でも考えてみます。例えば、算数の三角形の面積の公式を覚えるとしましょう。その公式を教室に掲示し、いつでも確認できるようにするわけです。いつでも振り返ることができるので、繰り返していくうちに定着をしていくというわけです。よく、授業で書いた模造紙を教室に掲示する先生がいます。何でもかんでも貼ってしまうのはよくないですが、必要な厳選されたものを掲示しておく、というのは効果的です。

　そのほか、「個別の支援計画の在り方」、「発達障害専門の学校」、「ICTを始めとする学習環境の整備」など、日本が遅れを取ってしまっているのが現実です。

⑦発達障害児教育の最前線―周りに合わせるが到達点でいいのか？

「すべてを周りにそろえよう」というのは、発達障害の子供たちにとって、優しいとは言えないでしょう。学校の中には、「周りにそろえる」という文化が多くあります。「整列」、「宿題」、「学習方法」…もちろん、「合わせることを目指す」こともあると思います。一方で「合わせることを求める必要のない」こともあるでしょう。いずれにせよ、「すぐに」というよりは「いずれは」という長いスパンで見ていくことが必要になります。

⑧発達障害児と効果のあるICT活用法とアプリ紹介

１人１台端末が配布され、同時に「個別最適な学習」、「協働的な学習」が話題にされるようになりました。この「個別最適な学習」の中に、「学習の個性化」というものがあります。これが大切になります。

例えば、発達障害の子の場合、「板書を写すことが難しい」という子がいます。その際に、「板書の量を減らす」ということもできます。そうやって減らした上で、「板書を写真に記録する」ということもできるでしょう。「記録したものを手元で見ながらノートに写す」ということもできるでしょう。

また、「鉛筆を使うのが苦手」という子もいます。そういった子には、「デジタル教科書への書き込み」が効果的です。デジタル教科書がない場合は、「教科書を写真に撮って書き込む」こともできます。

「該当学年の学習が難しい」子には、「AIドリル」を活用して、学年をさかのぼって学習に取り組ませることもできます。

「吃音」や「場面緘黙」の子も、「ロイロノート」や「Google Workspace」のような学習を共有するアプリならば、言葉を発することなく、自分の意見や考えをクラスの友達に伝えることができます。

１人１台端末を活用することで、発達障害の子供たちが苦手としている箇所を、別の方法で補うことができる可能性があるのです。

⑨発達障害児　Dr.との上手な付き合い方とは

　担任する発達障害の子が病院にかかっている場合、保護者の了承の上、Dr.と連携を進めることで、その子の成長の手助けができる場合があります。学校という集団生活の中での様子を把握できているのは、私たち教師です。情報を統合することでより正確なその子の状況を把握することが可能になります。また、もし服薬している場合は、薬がどの程度作用しているのかの検証が必要です。これにも、教師の協力が不可欠です。

　もちろん、そういった子供の様子を、教師の主観だけで語っても仕方ありません。どのような行動が、どのくらいの頻度で起こっているのか。どんなきっかけでその行動が引き起こされるのか。どんな対応をして、その結果どうなったのか。こういった客観的なデータをもとに、考えていくことが必要です。

　保護者、学校、そして医療が、同じ方向を向いて支援を進めていくことが子供のためになっていきます。一緒にその子にとって価値あることを考えていこうというスタンスが何よりも大切です。

⑩発達障害児の得意を生かすカリキュラムづくりのヒント

　発達障害の子供を担任しているうちに、何かに特別な才能を感じさせる子と出会う場合があります。それは「絵」かもしれないですし、「計算の得意な子」かもしれません。もちろん、一見すると価値を見出すことができないような得意もあります。例えば、「虫の名前を100種類知っている」のようなものです。ですが、何か得意なことがあり、そのことを認めてくれる人がいるということは、その子が「自信をもって生きていく」ことに繋がります。

　だからこそ、クラスの中で、その子が輝く瞬間をどう演出していくか、は教師の腕の見せ所です。まずは、「先生が驚くこと」から始めてみてはどうでしょうか。そしてそれを「クラスで紹介」してみましょう。「お楽しみ会」や「係活動」などで活躍の場を作るのもよさそうです。

（愛知県名古屋市公立小学校　堂前直人）

UNIT ④ - (2) 1年間の流れ

月別研修の流れ－必須テーマ一覧

　ここでは、月別に考えていきたいテーマを紹介していきます。

　ここに書かれている内容について、ぜひ校内で話題にしてみてください。きっと、先生方の持っている情報を組み合わせると、ものすごい量の知恵が集まるはずです。

　月別になっていますが、学校や子供たちの実態に合わせて、必要なものを選択していただくことで、より充実した研修になります。

　このページを校内で情報を共有する際のきっかけにしていただければと思います。

4月　＝　子供たちとの出会いが勝負

　子供たちとの出会いからの三日間を「黄金の三日間」といいます。この期間は、子供たちのやる気スイッチがバシッと押されています。今年こそは！と思っている子が多いのです。

　だからこそ、「褒めること」が大切です。人間ですから、できることもあれば、できないこともあります。できないことを支援し、できるようにしていくこともちろん必要です。

　しかし、4月はそれ以上に、「できていること、やろうとしていることを褒めたい時期」です。小さなところから、子供たちとの信頼関係を築いていきましょう。

　一番重要な日は、もちろん、子供たちと出会う日、つまり「始業式」です。支援の必要な子、手のかかる子こそ、出会いの日に褒める気持ちを大切にしましょう。

5月 ＝ できないのではなくわからないのかも

　掃除の時間に、おしゃべりばかりしてしまう子がいます。雑巾がけを適当に丸めてやっている子もいます。このような「ふざけている」、「ちゃんとしていない」と思えるような場面について考えてみましょう。

　一見、何でできないの？と思うようなことでも、もしかしたら、「わからないからできない」のかもしれません。そんなときは、「わかるでしょ！」と思わず、「こうやってやるんだよ」とやって見せてみてください。そして、同じようにできたら褒めてあげてください。そうしているうちに、徐々にできるようになっていきます。

　こういった支援が必要な子は、「叱っても変化しない子」に多いです。

6月 ＝ 梅雨を上手に乗り越えさせよう

　運動会が終わり、徐々に気温も上がってくるこの時期。雨も増えてきて、外でも遊べない。体育もできない。そんな状況で、子供たちがだんだんと騒がしくなってくる頃です。

　それを予防していくために、「室内で楽しく遊べる道具」を用意してみてはどうでしょう。トランプ、UNO、将棋、オセロ、囲碁、けん玉、かるた、百人一首、塗り絵などは、子供たちがどんどんハマっていく遊びです。

　子供たちは、こういった遊びを通して、「友達付き合いのルール」を学んでいます。こういった「ソーシャルスキル」といわれる社会生活を送る力が、特別支援を要する子の課題になっています。もちろん、いきなり上手にはできませんから、先生も一緒になって遊びながら、一つ一つ教えてあげることになるでしょう。でも、こうやって一緒に遊んでくれる先生のことを、子供たちはきっと大好きになります。大好きな先生のいうことだから、聞いてみよう、と思うわけです。

7月 = 教室の環境を整えよう（1）

　暑さも本格的にやってくる時期です。子供たちの集中力も低下していることで
しょう。冷房や扇風機などを上手に活用し、可能な限り快適な教室環境を実現し
たいものです。発達障害のある子ほど、小さな変化に敏感です。そしてその小さ
な変化が大きな障壁となってしまうのも、発達障害の子たちなのです。

　もう一つ、子供たちの集中力を低下させてしまうものに、「掲示物」がありま
す。授業は多くの場合、前面の黒板やスクリーンを使って、行うと思います。な
ので、そこに視線が集中できるように、できるだけ掲示物を減らしましょう。

　ただ、学級の目標やルール、学習で覚えておいてほしいことなど、大切な掲示
もあると思います。そんなときは、背面や側面を使うといいです。また、大きさ
や色なども気になりすぎないようにすることで、子供たちが集中をグッと高める
ことができます。

8月 = ICTの活用を考えよう

　長期休み中ですから、ここでは、普段やりたいけれどやれないことにチャレン
ジしましょう。

　ここでは、「1人1台端末」や「デジタル教科書」などのICT機器について、紹
介します。「個別最適な学習」が明言され、「指導の個別化」、「学習の個性化」が
大切にされています。どちらを実現するためにも、「1人1台端末」は欠かせま
せん。

　また、特別支援を要する子たちに「視覚支援」は大変有効です。教科書の画面
を提示しながら、時に書き込みをしながら指導できる「デジタル教科書」は大変
便利です。

　こういったICTの活用は、校内で先進的に取り組んでいらっしゃる先生から実
際に操作しながら教わるのが、一番の近道です。また、本シリーズでも、第一巻
でICT活用を取り上げていますので、参考になるかと思います。

9月 ＝ 忘れていて当たり前　覚えている子を褒めながら確認しよう

　長い夏休みが終わり、子供たちが教室に戻ってきます。が、きっと子供たちは、給食の時のルール、係の仕事、掃除の仕方など…多くのことを忘れてしまっています。

　ただ、4月の「ルールを知らない」ときとは違います。クラスの中には、きちんと覚えている子がいます。その子を褒めながら、確認することができます。「そうだよね、そうやってやるんだったよね？　覚えていた人？　えらいなあ！」こんなやり取りになるでしょう。また、「どうやるんだっけ？」と先生が問いかけることもできます。これも、「よく覚えていたなあ！」と褒めることにつながります。

　また、休みと学校の切り替えができない子もいます。アイドリング運転したいところですが、ずるずる気持ちを引きずらないように一気に学校モードに切り替える方がうまくいくことが多いです。おすすめは「復習テスト」です。一気に学校モードに切り替わります。

10月 ＝ 行事に前向きに取り組ませよう

　学芸会や作品展などの学芸的行事の準備が始まってくる頃です。行事の前にまず、大切にしたいのが、「どうしてその行事をやるの？」という趣意説明＝目的です。そして、「どこまで頑張ればいいの？」というめあて＝目標です。その上で、「どんなことを頑張ればいいの？」という具体的な行動がやってきます。

　ここで行動のみを求めてしまうと、なんでやるの？　どうしてやるの？　いつまでやるの？　という疑問が生じます。発達障害の子たちほど、そういう疑問に縛られて行動できなくなってしまいます。

　また、学年が上がってきたら、目標や行動は、子供たちに決めさせてもいいでしょう。自分たちの決めた目標なら、より頑張れるはずです。

　同時にこういった行事で配慮しておきたいのは、「大勢の前で話す」、「作品を作る」、「自分を表現する」のようなことが本当にできない子もいる、ということです。どこで線引きをするのか、先生が一方的に決めるのではなく、その子や保護者と一緒になって考えていきたいところです。

11月 ＝ 教室の環境を整えよう（2）

　冬に向かって、寒さが本格化してきます。子供たちを安心させる脳内物質である「セロトニン」は寒くなると出にくくなります。なので、寒くなってくると、どこかソワソワしたり、落ち着かなくなったりしてくる可能性があります。

　改善策の一つ目は、教室を温めることです。暖房を入れて室温を上げることで、セロトニンが出やすい環境にします。

　改善策の二つ目は、セロトニンが出やすくなる「対応」を先生がすることです。セロトニンを増やすためには、①見つめる、②微笑む、③触れる、④話しかける、⑤褒めるが有効だとされています。目を見ながら、Ａ君の字はきれいだねと褒めてみたり、その調子で頑張ろう、と肩に触れて微笑んでみたり、することで、セロトニンの分泌が増えます。

　教室環境、学習環境、とよく言いますが、実は一番重要な環境は「先生」なのです。先生の対応一つで、子供がガラッと変わることも、あります。

12月 ＝ ここまでの成長を振り返ろう

　2学期も終わり、残すところは3学期の3か月間です。実際のところ、残りの3か月で何かを劇的に成長させることはかなり難しいです。そこで、その子のどんなところを伸ばしてあげたいかを改めて、見つめてみましょう。

　ここまでに成長したところは何でしょうか？　先生の伸ばしてあげたいところはどこでしょうか？　その子ができるようになりたいと思っていることは何でしょうか？

　そういったことを踏まえて、全部実行するのではなく、残りの3か月でその子に残してあげたいことを1つに絞って、実行してみましょう。たくさんを求めてしまうと、先生も、子供もお互いに苦しくなってしまいます。

1月 ＝ 新年のスイッチを生かそう

　3学期がスタートします。2学期と同じように、忘れているルールを思い出させるところから始まります。とはいえ、夏休みほど長くはないですから、覚えている子の方が多いでしょう。たくさん褒めながら、確認をしていくことができるはずです。

　4月、新年度スタートの時に、心機一転頑張ろう！とやる気にあふれていたように、新年を迎え、今年こそはと意気込みを見せている子もいます。そこで、新年の目標、を書かせてみましょう。「本人の頑張りたいこと」が見えてきます。

　12月の話題の中に、「その子ができるようになりたいと思っていることは何でしょうか？」と書きました。その子の意欲が高まっている事柄について、先生が支援し、できるようにする、成長させることができれば、その子の気持ちもさらに高まってくることになります。そうすることで、そこから、ほかのことにもやる気を派生させることができます。

2月 ＝ 現状維持でもOK　求めすぎない

　教育の中で「現状維持」というと、よくないことのように思われがちですが、特別支援を要する子を支援したり、学級経営をしたりしていく中では、「現状維持でも十分」という場合もあります。

　特に、先生もすでにギリギリという場合です。例えば、けんかをせずに1日過ごせたらそれでOK！　1日座って一緒に授業ができたらOK！　のように、自分に課すハードルを下げることも時には必要です。先生が元気でいることが、子供たちにとっては、とても重要なのです。

3月 ＝ 別れの準備をさせよう

　発達障害の子たちは、変化を嫌う子が多いです。なので、3月頃になると、不安定になりやすくなります。それは、クラス、先生との別れが迫っていることを感じるからです。とはいえ、クラス替えも、担任交代も、常です。こればかりは

どうしようもありません。

　低学年の子たちだと、別れを理解していない子もいます。そういった時には、事前に説明をしておくといいです。直後に、不安定になるかもしれませんが、１年間、関係を築いてきた先生ならば、何とかなります。４月、突然の変化の中で、関係性のない新しい先生が対応することの方が、よほど大変です。

　「あなたなら大丈夫。１年間で、こんなに成長したよ。別のクラスでも、先生はずっと味方だよ。いつでも話においで」と成長を認め、心の拠り所をつくってあげましょう。私の経験だと、年度初めはよく顔を出していた子も、そのうちに来なくなります。あくまでも新しい先生と関係を築くまでのつなぎなのです。

その他　＝　困っていることを相談してみよう

　学級の悩みを話すことのできる場は、あまり多くありません。そこで、ケース会議、まではいかなくても対応に困っている子供の話を校内で共有する場を設けてはどうでしょうか。

　特別支援を要する子の対応は、ベテラン、若手を問わず、難しいものです。子供が変われば有効な手立ても変化します。前はうまくいった方法でも、今回はうまくいかないかもしれません。逆に、前はダメだった方法が、今回うまくいくということもあります。だからこそ、様々な方法が必要で、様々な知恵を集める必要があります。

　こんなこと相談していいのかな、と思わず、ぜひ、たくさんの悩みを共有できる職場を目指しましょう。子供たちのことを多くの職員で理解しておくことは、次の年、その次の年と、担任が変わったときにも生かされます。先生の悩みは、将来への引継ぎなのです。

　以上、月別に話題を書いてみました。もちろん、これ以外にも、実際の子供たちにどう対応していくか、など研修したい内容は多々あります。それについては、本誌を活用していただき、具体的な対応方法についても、学びを深めてもらえたら、と思います。

（愛知県名古屋市公立小学校　堂前直人）

UNIT ④ — (3) 巻末資料
これだけは知っておきたい特別支援教育の略用語

AD／HD

Attention-Deficit / Hyperactivity Disorderの略。注意欠如/多動症。発達年齢に見合わない多動性や衝動性、あるいは不注意、またはその両方の症状が現れる。

ASD

Autism Spectrum Disorderの略。自閉スペクトラム症。社会的なコミュニケーションへの課題、こだわりをはじめとする創造性の課題をもつ。知的な遅れは伴わない。

LD

Learning Disabilityの略。学習障害。全般的な知的な遅れはないが、「聞く」、「話す」、「読む」、「書く」、「計算する」能力のいずれかに困難が生じる。困難の箇所により、「読字障害（ディスレクシア）」、「書字障害（ディスグラフィア）」、「算数障害（ディスカリキュリア）」などに分かれる。

WM

ワーキングメモリーの略。作業記憶や短期記憶と呼ばれる「脳のメモ帳」のようなもの。短い時間情報を保持し、処理する能力のことをいう。

SC

スクールカウンセラーの略。学校に配置される心理の専門家。

SSW

　スクールソーシャルワーカーの略。いじめや不登校などの課題などを支援する社会福祉の専門家。

SST

　ソーシャルスキルトレーニングの略。あいさつ、人との関わり方などの社会的スキルを向上、習得させるためのトレーニング。

ABA

　応用行動分析。子供たちの行動を分析し、なぜその行動が起きているのかを考えていく。子供たちへの支援の方策を考えるためのアセスメントの１つ。

ABC分析

　応用行動分析の中の分析方法。A：先行条件、B：行動、C：結果の枠組みで、行動を分け、その行動が強化されたり、表出したりする原因を捉えていく。

　略用語のごくごく一部を紹介しましたが、より詳しく知りたい、もっと勉強したい、という方は、右の書籍をおすすめします。
　用語はもちろん、対応法などについても記載されていますので、幅広く活用していただくことができます。

Amazonの購入ページはこちら→　→　→　

（愛知県名古屋市公立小学校　堂前直人）

UNIT ④ ―(4) 巻末資料　特別支援の研修に役立つ動画資料

動画で学べる 専門家からの教え

　ここでは、動画視聴サイト「YouTube」の中で、現場で役立つ情報を、日々新鮮かつ具体的な情報を発信している「チャンネル」を紹介します。

Ⅰ　TOSS公式

　このチャンネルでは、若手教員の素朴な疑問に、玉川大学教職大学院教授であり、現TOSS（Teacher's Organization of Skill Sharing＝旧教育技術の法則化運動）代表の谷和樹氏を中心に答えていくという形になっています。

　右の写真のように、特別支援教育にかかわらず、たくさんの動画が公開されています（2021年6月現在）。

　このページ内にあるQRコードを読み取っていただけば、視聴できるようになっています（通信料はご負担いただきます）。

こだわりが強い子にどう対応する？

 ① ② ③

④ ⑤ ⑥ ⑦ ⑧

2　公益社団法人 子どもの発達科学研究所

　子育てに関する動画が中心ですが、学校でも意識できることやクラスで子供たちに伝えたい情報がちりばめられています。

<感覚の違い>

<忘れ物>

<片付けができない子どもたちへの対応>

<注意の仕方>

3　うさぎ1号

　平岩幹男ドクターがこれまでの経験と知識をもとに、発達障害に関する情報を無料提供してくださっているチャンネルです。

<不登校>

<ABC分析>

<思春期>

<感覚過敏>

　以上、抜粋にはなりますが、様々参考になりそうな動画をピックアップしてみました。

　一つ一つの動画は、2分〜3分程度のものばかりです。短い時間で視聴することができます。

　また、YouTubeなどの動画配信サービスで検索すると、たくさんの有益な情報が見つかりますので、研修の際に活用していただけると思います。

（愛知県名古屋市公立小学校　堂前直人）

UNIT **4** ― (5) 巻末資料
研修資料　解答例

p.13　UNIT １―１.① インクルーシブ教育

① （障害のある子供と障害のない子供が）共に教育を受けることで「共生社会」
　の実現に貢献しようという考え方

② 　例　授業の中で遅れてしまう可能性があるので、個別の支援を行う。
　　　　　いじめやからかいの対象となる場合があるので、クラスの状況を把握す
　　　　　るようつとめる。

p.15　UNIT １―１.② 発達障害

（１）　自閉スペクトラム症

（２）　注意欠如・多動症

（３）　学習障害

p.17　UNIT １―１.③ マルチセンサリー

解説参照

p.19　UNIT １―１.④ 合理的配慮

（１）　合理的配慮

（２）　アセスメント

p.21　UNIT １―１.⑤ 指導の個別化

個別最適（な学び）　　協働的（な学び）

指導の個別化　　学習の個性化

Q　例　それぞれの進度に合った練習問題　一人一人の端末を使っての調べ学習　等

p.23　UNIT １―１.⑥ 学習の個性化

① 　例　問題数を減らして取り組ませる　計算機を使用させる　等

② 　例　プレゼンテーションソフトを活用してまとめさせる　等

③ 　例　板書の写真をとらせる　一部分のみ写させる　等

p.25　UNIT Ⅰ―2.① 外部機関との連携

Q　児童相談所、警察、民生委員、教育委員会　等

Q　①　校区内ネットワーク　　例：民生委員　PTA　中学校　町内会　等

　　②　市町村ネットワーク　　例：警察　児童相談所　保護司　等

Q　まずは校内の連携をしっかりと行う

　　自分たちだけで解決しようと抱え込まない　等

p.27　UNIT Ⅰ―2.② 児童虐待

Ⅰ　①身体（的虐待）　　②性（的虐待）　　③ネグレクト　　④心理（的虐待）

2　体にけがをする、成長が遅れる、攻撃的な行動をしてしまう　等

3　【義務】（相談所等へ）通告（すること）

　　【努力義務】（虐待の）早期発見（に努めること）

　　　　　　　　　　　関係機関（への協力を行うこと）

4　表情が乏しい、乱暴な言葉や行為、衣服の汚れ、不自然なけが　等

p.29　UNIT Ⅰ―2.③ 不登校

Q　例　勉強がわからない　友達とけんかをした　なんとなく行きたくない　等

p.31　UNIT Ⅰ―2.④ いじめ

Ⅰ　例　絶対に許さないという心構え　容易に解決を判断しないこと　等

2　①（クラス）全員

　　②（いじめをなくす）システム

3　例　上手にコミュニケーションが取れない　少し変わっていると思われる

　　　　等

4　例　教師が言葉を代弁してあげる　一緒に遊ぶ時間をつくる　等

5　（全員）遊び　　（教師の）目　　（教師が）介入

p.33　UNIT Ⅰ―2.⑤ 学校不適応

Ⅰ　例　学校に来れない　暴言暴力などの問題行動を起こす　等

2　例　勉強ができない　発達障害を抱えている　うまくコミュニケーションが

　　　　とれない　等

3　①（適切な）アセスメント　　③家庭（や専門機関との連携）

4　アセス

p.36　UNIT 2―（1）多動な子

解説参照

p.40　UNIT 2―（2）文章を読むことが苦手な子

2　①聴覚的（な処理）　　②視覚的（な処理）

3　略

p.44　UNIT 2―（3）文章を書くことが苦手な子

（1）　①（大まかで）あいまい（なことが苦手）

　　　②細かい（ところに焦点が当たる）

（2）　例　昨日のどこからどこまでが遠足かわからない

　　　　　遠足の何を書けばいいのかわからない　等

（3）　（書き方や書く内容を）具体的に（教える）

（5）　（早く書けた子の作文を）真似（させる）

p.48　UNIT 2―（4）人前で話すことが苦手な子

（1）　場面（緘黙）

（2）　（北風と）太陽

（3）　ほほえむ　はなしかける

（4）　通訳（者になるということ）

（5）　1　（ノートに意見を）書かせる

　　　2　（教師が書いたものに）丸（をつける）

　　　3　（丸のついたノートを）読ませる

（6）　一人（で読ませない）

（7）　ICT（の利用）

p.52　UNIT 2―（5）たくさんのことを同時に記憶できない子

（1）　（ワ）ーキングメモリ（ー）

（2）　（同時にたくさんのことを）記憶（できない）

（3）　例　一度に複数の指示をしてしまっているため、ワーキングメモリーの容

　　　　　量を超えてしまった。

（5）　例　教科書34ページを開きます。3の問題をみてごらん。

　　　　　そこを4問やります。できたら先生のところに持ってきなさい。

（6）（指示）→　確認　→　ほめる
応用問題　解説参照

p.56　UNIT 2―（6）大きな音が苦手な子

１　聴覚（過敏）
２　例　教室：エアーポンプ　先生の足音　ペンのカチカチする音　話し声　等
　　　　　　通学路：車の音　人の声　信号機の音　自転車の呼び鈴　等
　　　　　　学校内：チャイム　放送　教室移動の足音　等
３　解説参照

p.60　UNIT 2―（7）衝動的に行動してしまう子

解説参照

p.64　UNIT 2―（8）ぼーっとしてしまう子

（2）①できる　　②視覚　　③手伝って

p.68　UNIT 2―（9）教師に反抗する子

①怒り　　②脳　　③ほめる　　④ほめて　言葉　行動

p.76　UNIT 3―（1）教室環境の整備

解説参照

p.80　UNIT 3―（3）保健室との連携

例　友達と気まずくなった　親に怒られた　友達とケンカした　教室にいるのが
　　疲れる　等

p.82　UNIT 3―（4）スクールカウンセラーとの連携

全て〇

p.88　UNIT 3―（7）外部機関との連携

１　例　学校だけでは解決できない問題が出てきたとき　等
３　（1）児童相談所　　（2）SSW　　（3）SC　SSW　　（4）SC　相談員

あとがき

　まえがきでも触れたように、わが子も「発達障害」です。

　いくつか子育てのエピソードを紹介します。

【１】保育園の迎えが、予定より１分遅れて大泣き

　「予定の変更」によって、パニックになる子がいます。

　パニックにも種類があり、頭の中がぐちゃぐちゃになって暴れてしまう子もいれば、感情が一気に落ち込んでふさぎ込んでしまう子もいます。

　息子の場合は、それが「泣く」という行動につながったわけです。

　「なんで遅いの？」、「なんで早く来てくれないの？」と迎えに行ってからも大暴れ。

　この状態で説明しても、情報は入っていきません。

　こういう場合は、「まず落ち着かせる」という対応になります。

　その後、状況を説明し、「理解」してもらうわけですが、「納得」はできないので、その場ではわかっても、次の時にはまた大泣きです。

　仮に「納得」しても、「制御」できなければ、やっぱり大泣きです。

　５度、６度と繰り返し、少しずつ落ち着いていったな、という思い出です。

　子供の成長は、すぐには訪れない

ということでしょう。

【２】じゃんけんに負けたら大泣き　勝つまで終わらない

　教室でカルタをすると、ずるしてでも勝とうとする子がいます。負けると大泣きする子がいます。怒る子もいます。

　負けを受け入れるというのは、非常に難しいことです。心の成長が必要です。

　以前TOSSでデータを収集した際に、五色百人一首を継続して実践していくと、およそ100日、100回あたりで負けを受け入れ始める、という報告がありま

した。

　そのくらいに、長い時間の必要なことなのです。

　息子も負けを受け入れられない子、だったので、じゃんけんに負けると、大泣き。もう一回、もう一回、と何度でも繰り返しました。

　途中でやめようとすると、また大泣き。

　トランプでも、ゲームでも、同じです。

　それでも、何度もやっていくうちに、少しずつ、負けを受け入れられるようになっていったのです。

　やっぱり、

> 子供の成長は、すぐには訪れない

のです。

　子供たちの成長は、薄皮を重ねるような、年輪を重ねるような、長い長い年月をかけて、進んでいきます。

　そのとき、その瞬間には、何も変化がないように思えることも多々あります。

　それでも、私たちの教育の足跡は、確実にその子の将来に残っていくのです。

　諦めることなく、見捨てることなく、どの子も大切にしていきたい。

　そんな思いを、本書を手に取ってくださったみなさんと、共有できたら、こんなに嬉しいことはありません。

　最後に、この企画を薦めてくださった樋口雅子編集長。全国から立候補してくださった執筆者のみなさん。そして、この出会いをくださったTOSS最高顧問向山洋一先生に心より感謝申し上げます。

令和3年6月19日

土曜授業の息子を見送って

TOSS/Lumiere　堂前直人

執筆者一覧

三浦宏和	東京都公立小学校勤務
田丸義明	神奈川県公立小学校勤務
中川聡一郎	愛知県公立小学校勤務
木田健太	愛知県公立小学校勤務
高見澤信介	長野県公立小学校勤務
豊田雅子	埼玉県公立中学校勤務
堀田和秀	兵庫県公立小学校勤務
赤塚邦彦	北海道公立小学校勤務
太田政男	島根県公立小学校勤務
宮島　真	愛知県公立小学校勤務
川合賢典	愛知県公立小学校勤務
岩井俊樹	愛知県公立小学校勤務

編著者紹介

堂前直人（どうまえなおと）

1986年　　　愛知県生まれ
2009年3月　信州大学卒
　　現在　　名古屋市浮野小学校勤務

TOSS/Lumiere代表　TOSS中央事務局　TOSS東海中央事務局代表

編著『算数難問1問選択システム・初級レベル1＝小1相当編』
　　『先生のタマゴ必携 教育実習パーフェクトガイドBOOK』
　　ともに学芸みらい社

みんなで考え議論する校内研修
特別支援教育の校内研修

GAKUGEI
MIRAISHA

2021年10月15日　初版発行

編著者　堂前直人
発行者　小島直人
発行所　株式会社 学芸みらい社
　　　　〒162-0833 東京都新宿区箪笥町31 箪笥町SKビル
　　　　電話番号 03-5227-1266
　　　　http://www.gakugeimirai.jp/
　　　　e-mail:info@gakugeimirai.jp
印刷所・製本所　藤原印刷株式会社
装丁デザイン　小沼孝至　　DTP組版　本郷印刷KK
企画　樋口雅子　　校正　菅 洋子

落丁・乱丁本は弊社宛てにお送りください。送料弊社負担でお取り替えいたします。
©Naoto Domae 2021 Printed in Japan
ISBN978-4-909783-85-1 C3037